部下に
残業をさせない
課長が密かに
やっていること

人事・組織戦略コンサルタント
(株)パルトネール
麻野 進
Susumu Asano

ぱる出版

まえがき

連日「長時間労働改善」を中心とした『働き方改革』の話題が新聞紙上で賑わっている。これまで幾度となく、長時間労働が話題となり、労基署の対応が多少厳しくなったとしても、喉元過ぎれば熱さを忘れるように社員の労働時間に関する変革はそれほど進まなかった。

いや、もう少し突っ込んで言うと、進まなかったというより、実質的な労働生産性は向上したが、効率化された分以上に新たに発生したタスクで穴埋められたり、競争が激化し更なるサービスに取り組んだりした結果、労働時間が純増しているのだと考えられる。

本書で取り上げているが、良くも悪くも新卒一括採用から始まる日本的雇用システムが生み出した働き方なので、政府がいくら喧伝したからといってそう簡単に変わるものではない上に、製品やサービスで過剰品質を好む日本人（顧客）の意識の問題も絡んでくる。正直なところ、業界あげての商慣行を改めない限り根本的な解決にはならないと思っていた。

ただ今回の話題の盛り上がりで、これまでと違うのは、生産年齢人口（15歳から65歳）が、総人口を上回る率で減少し、このままでは人手不足が慢性化・深刻化することは間違いないということだ。

経営的には採用費を含む人件費の上昇を警戒しなければならないが、労働者にとっては雇用機会の創出や賃上げなどの処遇改善が期待できるので、このタイミングを契機に一気に日本人の働き方が良い方向に向かうことを望むところだ。

だが、この『働き方改革』の当事者でありながら、労働時間管理の対象外となっている中間管理職、特に課長が議論から取り残されている。

小規模組織を運営する課長は、間違いなく「働き方改革」の主人公である。建前であったとしても残業をするには「上司の許可」が必要だから、課長のマネジメント次第で、部下たちの長時間労働を縮減することは可能だ。

ところが残念なことに、多くの課長は人件費増とならないように、コストにカウントされない自身の労働時間を使って調整している実態がある。

また、労働事件が明るみに出ると「パワハラがあったのではないか」としばしば話題にされるので、自身の行為がパワハラに相当しないかと恐れて部下育成にも気を遣ってしまう。

当然、組織業績に責任を持っているので、様々な要望が上層部から容赦なく降ってくる。

このように、大多数の課長は上からの業績向上のプレッシャー、下からの突き上げ、会社からのコンプライアンス要請、外からの過剰サービスの要求に加えて、今度は問答無用で「部下の長時間労働を改善させよ！」と圧力をかけられている。

本書は、このような働き方改革の狭間でもがいている、中間管理職の方の一助となればという想いで筆を執らせていただいた。ビジネスコンサルタント、人事コンサルタントとして活動してきたノウハウや紹介した事例が、少しでも読者の皆様にお役に立てれば望外の喜びである。

人事・組織戦略コンサルタント　麻野　進

部下に残業をさせない課長が密かにやっていること●もくじ

まえがき　3

第1章　なぜ日本の会社は残業が多いのか

1　長時間労働のそもそもの始まりは「新卒一括採用制度」にある　12
2　ブラック企業にはホワイト社員が集まり、ホワイト企業にはブラック社員がはびこる　16
3　だらだらと長時間労働になってしまう8つの原因　19
4　長時間労働を放っておくと「問題」に発展してしまう5つの理由　23
5　長時間労働がいつまでたってもなくならない9つの根本要因　26
6　残業がプラス評価される人、マイナス評価される人　32

第2章　これまで組織を支えていた「抱え込み課長」は、なぜ生き残れないのか

1　「課長になりたくない」が当たり前　36
2　部下も自分も残業せずにパフォーマンスを上げる課長が出世する時代　39
3　管理職になったらタスクと労働時間が激増する　43

4 「これまでの仕事の進め方が評価されない」新任課長を襲う5つの苦悩 47
5 課長になったら「減点評価」が適用されるという常識 52
6 課長の2020年問題「こんな課長は絶滅する」 55
7 これまで組織を支えていた「抱え込み課長」は、なぜ生き残れないのか 58
8 優秀な部下が「丸投げ課長」を見捨てる時 61

第3章 課長が「定年まで生き残る」ための特別講座

1 管理職の〝賞味期限〟は6‐3‐3の12年！ 66
2 課長の出世はマイレージ方式になっている⁉ 69
3 課長になってから「リーダーシップを磨きたかった」では遅すぎる‼ 72
4 リーダーシップは必要だが、カリスマ性はいらない理由 75
5 上司の人事評価より周囲の「評判」を大切にする 78
6 教育熱心な会社に蔓延する「課長病」とは何か 81
7 管理職の9割は部下なし管理職になる 85
8 部下なし管理職が生き残る方法は3パターンしかない 88
9 「退職勧奨」――選ばれるには理由がある 92
10 リストラされない管理職が密かにやっている3つのこと 96

第4章 部下に残業をさせない課長が密かにやっていること

1 なぜ課長は部下に仕事を任せられないのか 102
2 部下の残業をなくす3つの基本課題 106
3 部下に残業させないで生産性を維持している課長が密かにやっていること 110
4 部下に連続9日休暇を取らせて、残業を25%削減させる 114
5 自分の仕事に集中する時間を確保している 117
6 部下が仕事に集中できる環境を整えている 120
7 部下は「2：6：2の法則」に基づいて指導する 124

第5章 残業しない課長の生産性を上げる時間マネジメント術！

1 残業しない課長は部下育成に時間をかけない 130
2 管理職は労働時間を削減したいと思っていない 133
3 長時間労働を解決する3つの方向性 138
4 組織の労働時間マネジメントは「チームマネジメント」 142
5 自身の労働時間の使い方を知る 146
6 「実現できていない」マネジメント業務を見積もる 153

7 生産性が上がらない3大要素を意識する 157
8 労働時間が増大する9つの根本原因から施策を検討する 162
9 最初の一歩が重要！ 〝ベイビーステップ〟から始めて成功体験を積み重ねる 167
10 残業がなくならない原因は「上司の仕事の仕方にある！」 170
11 労働時間削減の全体プランを策定し、チームメンバーで共有する 174

第6章 「働き方改革」時代に出世する課長の行動特性を身につけよう！

1 課長までの出世と課長からの出世は基準が違う 184
2 出世し続けている人は「時間には色がない」ことを知っている 188
3 出世している人の3つの行動特性に学べ！ 191
4 上司をマネジメントしているか 195
5 課長になってから本格化する人脈構築でものを言うのは「人生経験」 198
6 転進の準備は早いほうがいいとは限らない 201

あとがき 205

第1章 なぜ日本の会社は残業が多いのか

1 長時間労働のそもそもの始まりは「新卒一括採用制度」にある

一億総活躍社会の実現に向けて「働き方改革」案が次々と発表されており、「長時間労働」の改善が煽られている。日本企業は総じて労働生産性が低いなどと外国企業との違いを引き合いに出されているが、そもそも日本型の雇用システムが欧米のそれとは全く異なるので、「欧米式を見習って」という簡単な話ではない。

これまで日本的経営は、「三種の神器」と言われる終身雇用、年功序列、企業別労働組合という3つの特徴で理解されてきたが、これは結果的にそうなったのであって、根本要因ではない。

本質は「新卒一括採用」から始まる**「メンバーシップ型」**と言われる雇用慣行にある。世界標準の雇用契約は、「A地区の販売の仕事」、「受発注業務」、「経理業務」など、どのような職務を、どの範囲まで行うかを明確に定めて、会社と雇用契約を結ぶ。やるべき職務（ジョブ）が明確なので、職務が変われば雇用契約を結び直すことになる。

ところが、日本の企業では、役割、職務という概念が希薄だ。

新卒一括採用で職務スキルのみならず、社会人としての基本スキルすらない状態で採用し、一から、いやゼロから教育していくシステムとなっている。

職務をベースとした雇用契約ではなく、職務内容を決めないで、「うちの会社のメンバーになる雇用契約を結ぼう」という概念だ。

世界的に見ても稀なこの雇用システムのおかげで、**若者（特に新卒）の失業率が諸外国と比較して極端に低い**ことを考えると、素晴らしい雇用慣行だと思う。

実際に経営者や人事担当者の方とお話をしていて、「この人を採用する決め手となったのは何ですか」と質問すると、ほとんどの方は「この人と一緒に働きたいと思ったから」と答える。新卒に限ったことではなく、即戦力を狙った中途採用の場面でもそうだ。

社員は会社内のあらゆる仕事に従事する義務があり、会社もそれを要求する。経営環境や組織戦略の変更、人材育成などを理由に配置転換、職務変更が繰り返されることになる。

そして、4月1日の入社式では、社長が「君たちは全員、わが社の経営幹部候補だ。この中から是非とも将来の社長を出してほしい」と期待を込めた挨拶が定番となっている。

入社の初日から「社長を目指そう！」と意気込む新入社員は、さすがに少ないと思うが、現実に出世のチャンスは全員にある。将来に向かって希望があるので、自分の能力以上に頑張ろうとする人は少なくない。

Karoshi（発音は「カローシ」）という言葉が英語の単語となったように、諸外国で「過労死」という概念がなかったのは、役割・学歴などによる越えられない階層が明確で、日本のように高卒のアルバイトから上場企業のトップになるようなことはまず考えられない。こうして入社式以来「幹部候補」という意識を多少でも持ちながら、働き続けることになる。欧米の企業であれば「幹部候補」と言われるのは特別の存在であり、人の2倍、3倍の成果を上げるために、労働時間も他の社員の1・5倍以上になっている。

その他多くの社員は、特別の存在ではないことを自覚しているので、残業代目当てでなければ、そんなに長時間働くインセンティブがないし、嫌なら辞めればいい。

だが、日本の企業で働く人は出世のチャンスはみな平等にあるので、残業代というお金で精算されている以上の貢献（サービス残業）をしようとする傾向がある。

また、メンバーシップ制の下では、他のメンバーと異なる言動もしづらい。仕事や組織に対するロイヤリティが低くても、みんなが夜遅くまで頑張っているのに自分だけ定時に帰るのは勇気がいる。

職務が明確に限定されていないので、誰かが休みを取ると、他のメンバーがその人の仕事をフォローするのが当然で、そのことが休みづらさにもつながっている。育休がなかなか進まないのはマタハラ（マタニティハラスメント：出産を契機とした嫌がらせ）が原因のひとつでもある。

「転職」はキャリアの変更だけでなく、共同体からの脱退をも意味し、解雇に至ってはメンバーという地位の剥奪とも言えるので、会社は法律問題以上に慎重になる。

新卒一括採用から始まるメンバーシップ制には、若年層の失業率の低さや組織への忠誠心の高さなどのメリットもあるが、長時間労働が改善されにくい要因でもある。一連の働き方改革が掛け声だけに終わらないことを祈るばかりだ。

2 ブラック企業にはホワイト社員が集まり、ホワイト企業にはブラック社員がはびこる

ちょっと残業が多いだけで「ブラック企業」呼ばわりするのはいかがなものかと思うが、企業のブラック度を測るＫＰＩ（管理指標）は残業時間だけではない。前項で述べた日本型雇用システムの変遷の過程で登場したのがブラック企業だ（反社会的団体もブラック企業というがここでは除く）。

残業の多い企業に勤めている社員は冗談交じりに「うちってブラックだよね」ということがあるが、日本の企業は長らく終身雇用・年功序列を堅持してきたし、「脱年功！」「役割・成果主義！」を宣言しても、新卒一括採用・60歳定年制を廃止しない限り、日本型雇用慣行・人事運用は変わらないだろう。

この雇用システムによる保証や手厚い福祉があるからこそ、社員は単身赴任や長時間労働などの指揮命令に従順に従ってきたし、裁判の判例でも認められてきた。ブラック企業はこの雇用システムをまったく採用していないにもかかわらず、巧みな情報操作で未熟な求職者を採用し、使いつぶすような働かせ方をしている企業と定義しておく。

このようなブラック企業は、アトラクション（人材を惹きつける）戦略に長けているので、いたいけな草食系のホワイト社員が採用されることになる。中には気概のある社員も

いるが、早々に出世して会社側の人間（管理監督者）として活躍するか、愛想をつかして早期退職するか、短い期間でノウハウを習得して独立の道に進むか、など極端なパターンとなり、大きな被害はこうむらない。

問題は善良なホワイト社員である。世代に関係なく自己表現力に乏しく、コミュニケーションをとるのがちょっと苦手で、従順なタイプが餌食になりやすい。会社もよくわかっていて、転職の可能性が大きい若者がお金と労力をかけてまで訴えないことは自明なので、ブラック企業は訴訟を恐れていないし、なくならない。

ただ救いなのは少なくとも入社の段階で、高業績企業だとは思っても「優良企業」だとは考えていないので、会社にボロボロにされたとしても過労死・過労自殺するまで追い込まれることはないと考えられる。

一方で「ホワイト企業」という概念も出てきた。２０１３年には東洋経済新報社が「ホワイト企業トップ３００」と題して、過去3年で新卒社員が一人も退職しなかった上場企業などを取り上げ話題となった。

決してホワイト企業を悪く言うつもりはないのだが、「社員に優しいホワイト企業」だと言って喜んでいる企業は少し組織風土を振り返ってもいい。いまどきの若者が3年間で一人も辞めなかったというのは異常である。

もちろん素晴らしい企業が多数を占めていると考えられるが、社員に優しい企業というのは、別の言い方をすると「社員に甘い企業」である可能性もある。新卒を採用する以上、育てるのは会社の義務だが、一定の割合でついていけない人材もいるはずだし、責任を他人のせいにする傾向が強く不平不満の絶えない者、社会の現実を知ってドロップアウトする者、頑張っていたが別の適性を見出しチャレンジする者もいるはずだ。

何%が適正とは一概に言えないが、一定の離職がある方が自浄作用のある健全な会社だと考える。アメリカのゼネラルエレクトリック社などは「ボトム10」といって、成績が下位10%の社員を自動的に退職に導くという話は有名だ。

日本型雇用システムの中でボトム10は違和感があるが、本来であれば辞めてもらったほうが会社のためにも本人の将来のためにも良いという人までが結果的に居座り続け、周囲のモチベーションを下げている可能性がある。

ただのおとなしい能力不足社員ならまだいいが、訴訟を恐れる人事部や上司に対して建前の権利主張と上司の揚げ足取りに終始する一方で、職場では義務を果たさない。このようなブラック社員が、会社の手ぬるい対応、上司の脇の甘さにつけ込みはびこっている。

3 だらだらと長時間労働になってしまう8つの原因

企業で働く人たちが長時間労働になる原因は、おおよそ次の8つくらいに整理できる。

ひとつ目は、**「仕事の絶対量が多い」**ことだ。

これまで企業は職場の労働生産性の向上に取り組んできた。IT技術の発展に寄与するところが大きいのは確かだが、かなりの改善を果たしてきたし、これからも飽くなき追求を続けていくだろう。

ところが生産性が向上した分、いやそれ以上の新しい仕事が入ってくる。食べても食べても次々とお椀にソバが盛られる「わんこソバ」状態のようなものだ。


2つ目は、**「無駄な仕事が多い」**ことだ。

大して重要でもないのにいちいち提出しないといけない報告書の作成や、参加する意義が感じられない会議への出席、他部署から来る同じような仕事の依頼など、いい加減にしてほしいと言いたくなるが、発信者からすると無駄な仕事ではないので面と向かって文句も言いづらい。ルーチン化している無駄な仕事は、第三者が客観的な立場から指摘しないとなかなか止められない。

ただ、無駄な仕事が多いということは生産性改善の余地が大きいので、積極的に取り組む価値のあるところだ。

3つ目は、**「本人のスキル不足、要領の悪さ」**だ。

スキルが不足している場合は、原因が明確なので部下であれば直接指導したり、学習を促したり、経験値が上がる仕事をさせることで、改善が期待できるのだが、無理やり残業する贖罪パターンもある。

長時間労働が常態化している組織では、成績のいい同僚が遅くまで頑張っているので、成績の悪い自分はせめて頑張っているふりをしなければいたたまれないというマインドだ。

また要領の悪さは優先順位付けが下手だから起きる現象なので、何が重要なのかが理解できなければ改善は難しい。周囲から見るとどうでもいいことにこだわっていたり、空気が読めなかったり、周りが見えていなかったり、問題を先送りする傾向のある人だが、経営者からは「残業ドロボー」と言われている。

4つ目は、**「無駄に時間を過ごす」**ことだ。

インターネット環境が良くなったので、仕事をしているのか何をしているのか、傍から見ていても区別がつかない。

ネットサーフィンなどは論外だが、ネットで調べモノをする際に、ついついオンラインとオフラインを彷徨ってしまう。RSSリーダーを開き、リンクをクリックしたときに、ついでに他のページもどんどん開いていき、気が付いたら小一時間経っていても不思議ではない。

5つ目は、**「所定労働時間に絶対終わらない職務特性」**だ。

特に顧客対応に関連する部署などは、顧客からの連絡に基づいて職務が発生するので手待ち時間もあるが、問い合わせが集中したり、クレーム対応などはどれだけ時間がかかるのか分からない。

また海外と直接やり取りする部門はメールだけで済ませられない要件だと、深夜の電話やテレビ会議になる。日本で勤務している以上、昼間も普通に仕事をこなしているので、労働時間が短くならない。

6つ目は、**「付き合い残業」**だ。

上司や同僚の仕事が終わらないと、つい付き合ってしまい、なかなか退社しないことだが、「ワークライフバランス」という考え方の浸透に伴い、最近は少なくなってきたような気がするが、まだ根強く残っている。これが続くと「早く帰りづらい」雰囲気が形成されてしまい、残業が恒常化する。

7つ目は**「残業前提の仕事」**だ。

これは本人の問題では、仕事の進め方として残業が習慣化している場合と、業務構造や体制による場合がある。残業の習慣化は仕事量の多さに起因するが、習慣化しているが故に労働生産性を高めようという思考が働かないのが難点だ。

業務構造や体制による残業増は本人のせいではないので、管理者がきちんと仕事を割り振り、必要に応じて増員するなどの措置を取らねばならない。

最後は、**「生活残業（生活費を稼ぐための残業）」**だ。

定時退社で支給される所定内賃金だけでは足りないので、生活費を稼ぐために残業をするパターンのことだ。子供ができて奥さんが働けなくなったり、大きなローンを抱えていたり、子供の学費稼ぎなど理由は様々だが、若いうちから生活残業化すると、管理職登用が近づくころに困ったことが起きる。管理職候補になったとき、残業手当が多すぎて、課長に昇進したら給与がガタ減りすることだ。残業代込みの年収で結婚しているので、昇進を機に給与が下がることを奥さんに説得できず、悩んでいる姿を垣間見ることが多い。

4 長時間労働を放っておくと「問題」に発展してしまう5つの理由

管理者が理解しておかなければならないのは、「長時間労働がなぜ問題なのか」という点だ。経営トップが言い出したから、盲目的に「残業を減らそう」というのでは、部下たちから「口先だけだな」と解釈され、本気で取り組む体制にならない。

問題その1は**「社員の心身の安全が脅かされる」**ことだ。

何人に一人かの割合でハードワーカーはいる。ワーカーホリック（仕事中毒）なのか、仕事にのめり込んでいるのか、借金苦で必死なのか、理由はともあれ何時間働いても大丈夫な人は放置しておけばよいし、ホワイトカラーエグゼンプションの対象者であろう。だが少なくとも8割の従業員は長時間労働が恒常的となれば、心身上の何らかの不具合が起きる可能性が高い。厚労省は「100‐80‐45」という労災認定基準を出している。脳血管疾患や心臓疾を患った場合、単月で100時間を超える残業をしていると、労災認定される確率が高くなる。単月でなくても2～6カ月の平均で80時間を超えても同様に扱われる可能性があり、心身の健康障害リスクの基準値となっている。ちなみに45時間未満の残業であれば健康と業務との因果関係は問われない。

問題その2は**「労働生産性の低下を招く」**ことだ。

上記の健康障害と関連するが、働く効率が悪くなる。私もサラリーマン・コンサルタント時代は、「徹夜で仕上げました」と得意げに朝一で上司に提案書を提出したものだが、夜の12時を超えてからのパフォーマンスは明らかによくないし、「今日中の仕上げは無理、徹夜だ」と思った瞬間にまだ午後の6時過ぎであっても仕事の効率が急に下がる。

1時間当たりのアウトプットが悪化するにもかかわらず、時給は1・25倍、1・5倍以上に跳ね上がるので、人件費効率が悪くなるのは明らかだ。また徹夜が当たり前の企業は、年俸制や裁量労働制などの理由で通常の残業代は支払われていないことが多いので、ブラック呼ばわりされても仕方がない。

問題その3は**「業務品質の低下を招く」**ことだ。

仕事量が多くなると、一案件当たりに投入する時間が少なくなるので、仕事の質が劣化してくる。企業はよほどのことがない限り「業務の効率化」を優先させようとするので、一定の成果が認められれば、次のテーマの効率化に向かい、業務品質を高めること、劣化を防ぐことの意識が希薄になる。

問題その4は**「疲労によるやる気の低下」**だ。

長時間労働が続いて疲労しない人はいない。労働時間が長ければアウトプットの総量は増えるが、これまで話してきたように1時間当たりのアウトプット量は減少する。この状況だと、仕事が終わったときの一時的な「安堵感」は得られるが、「徒労感」はだんだん大きくなっていく。これが1年、2年と続いていくと人材流出の確率が高くなってくる。それも会社にとっては貢献度の高い社員が流出する可能性が高い。

問題その5は**「セキュリティ問題に発展する」**可能性があることだ。

長時間残業が常態化しているブラック企業、ブラック組織は基本的に社員の労働時間管理をきちんとしていない。まともにやるとブラックであることを裏付けることになるからあいまいにしておいたほうがいいし、労基署の立ち入り検査が入っても「知らなかった」ということでとりあえずは「是正勧告書」をもらって後から考えることにする（次はアウトだが）。また同じように社員に対するセキュリティも甘い。監視の目がない状態で魔が差すこともあるし、情報漏洩問題に発展する可能性も高まる。

このように顧客サービスの名のもとに長時間労働を放置し、「残業代を払えばいいんだろ」というスタンスでは、前記のようなリスクが高まることになり、大事に至ることになる。

5 長時間労働がいつまでたってもなくならない9つの根本要因

日本企業の多くが長時間労働から抜け出せずにいるのは、様々な要因が考えられるが、根本的なものはおおよそ次のような3つのクラスター、9つの要因に分類できる（図表①）。

ひとつ目のクラスターは、管理の領域で、「方針」、「業務プロセス」、「モニタリング」という3つがある。

「方針」は実は一番厄介な問題である。経営者のカリスマ度が強ければ強いほどトップダウンで「長時間労働を解消せよ！　残業減らせ！」の大号令のもと、各組織に肝いりの施策が展開されるが、組織や業務の現状分析なしに施策の実行だけが優先され、本質的な改革がなされないことが多い。

施策の効果の検証というより、表面的な残業時間削減という結果オーライで済まされ、**減ったはずの残業時間は、社員の風呂敷残業、サービス残業に転換されている**ことが少なくない。

「業務プロセス」も労働生産性を阻害する大きな要因になり得る。そもそも業務を効率的に進めるために業務プロセスを設計するのだが、顧客の要望の変化や法改正、急成長や合併・統廃合などによる社員数の急激な増減など、ビジネス環境は目まぐるしく変化してい

図表①　時間増大の典型的な９つの要因領域

労働時間増大の典型要因

		（例）
管理	方針	複数方針（上層部方針・上司方針・各部門方針等）の不一致
管理	業務プロセス	業務プロセスの非効率さ
管理	モニタリング	労働時間や増大要因・対応状況の把握の仕組みの欠如
インフラ	制度・ルール	過剰であったり形骸化している、もしくは業務と合致していない制度・ルール
インフラ	情報システム	使い勝手の悪い・処理スピードの遅い情報システム
インフラ	ファシリティ	閉塞感のある会議室、関係するオフィス間の遠さ　等
人・組織	人材	必要なスキルを備えていない人材による業務の遂行
人・組織	組織構造	戦略や事業形態・業務プロセスと合致していない組織構造
人・組織	組織風土	長時間労働を是とする組織や職場の風土

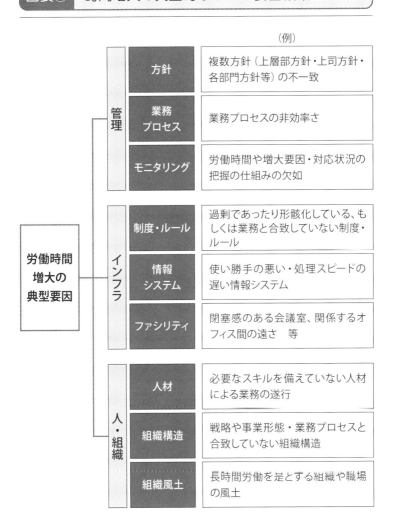

る。それらの事態に対応すべく業務プロセスの変更が行われるまでに、結構な時間・期間を要する。

「モニタリング」についてはもっと遅れる。業務プロセスが稼働して一定のデータが集計・分析されてからでないと具体的な対策は打てない。労働時間マネジメントに限って言えば、社員の時間管理に責任ある管理職の教育から始めなければならないし、「方針」のところで言及したように表に出る残業削減数値が疑わしい場合は、モニタリングの意味がない。

2つ目のクラスターは、インフラの領域で、「制度・ルール」、「情報システム」、「ファシリティ」といった3つに分類できる。

「制度・ルール」は、社員が適切な行動をとり、正しく処遇されるために重要なものだが、オーバー・スペック（過剰性能）であったり、形骸化していることが往々にしてある。導入して20年以上経過している人事制度で、業務の実態とかけ離れた人事考課項目で社員を評価し、給与改定や賞与の金額を決めていることもある。

「情報システム」は、投資額が大きいために、使い勝手が悪いままになっていたり、処理スピードが遅かったり、なんでも最新のシステムに改定すればいいというものではないが、こちらも解決のテーマとしては重い。

「ファシリティ」はなかなか改善が難しい分野でもある。閉塞感のある会議室や関係するオフィス間の遠さなどの問題、社員の増減に合わせて柔軟にオフィスを変えられれば良いが、情報システムが高度化した今日では引っ越しコストは馬鹿にならない。

3つ目のクラスターは「人・組織」の領域だろう。

これは、「人材」、「組織構造」、「組織風土」の3つの分野に区分できる。

長時間労働の要因がテーマなので**「人材」**の分野が最も注目されるのだが、人そのものに目を向けると、社員個々人の労働生産性の向上に行きつくため、教育や自己啓発、業務経験を通じた能力開発機会の問題が主たる課題となる。

「組織構造」の問題も意外と多い。経営戦略や事業形態、業務プロセスに変更があるにもかかわらず組織構造が変わらないケースだ。経営戦略の立案とそれを遂行するための組織戦略立案、組織の設計、人員の配置は経営者の仕事だが、事業トップの役員間の政治的な駆け引きなどが絡んでくるのでこちらも根が深い場合がある。

最後は**「組織風土」**だが、こちらも厄介な問題だ。「電通鬼十則」を例に出すまでもなく長時間労働の企業風土はかなり頑固な問題だ。政府が女性や高齢者活用のために長時間労働を是正しようというが、一定額の給与収入を当て込んでいる社員からすると残業削減など「余計なお世話だ!」と言いたくなるし、遅くまで一緒に頑張ってくれている部下を心情的にかわいく思うのも理解できる。

これら9つの要因は「一つの原因を取り除けばひとつ解決する」という、原因と解決が1対1の関係ではなく、それぞれが複雑に絡み合っている（図表②）。22時以降を業務禁止としても、終電を過ぎても顧客対応するのが業界の習わしであるなら、**業界ぐるみで考えなければ解決策にはなり得ない**。

図表② 労働時間増大の根本要因は複雑

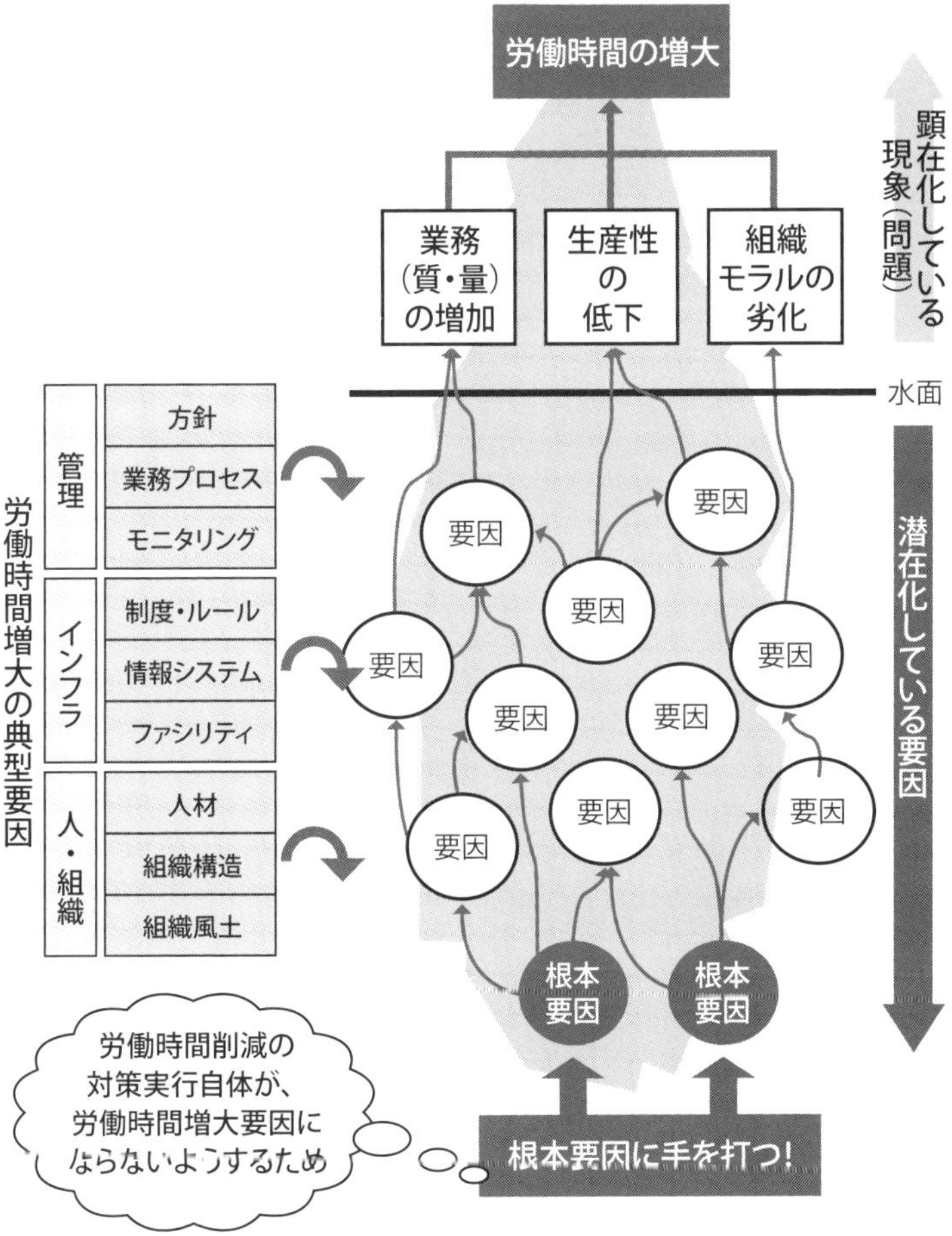

6 残業がプラス評価される人、マイナス評価される人

日本の企業では「残業」することがプラスに評価される人とマイナスに評価される人に分かれる。

一般的に評価されるのは、伸びしろのある若手社員のことだ。

企業はプロ野球の世界ではないので、たとえ時速160キロ超のボールが投げられたとしても、敬語もろくに話せない新人に即戦力という考えは存在しない。学歴別に初任給相場が異なるので、いくらかの賃金格差はあるが、茶髪の高卒新人にしろ、東大卒の新人にしろ最初のうちはみんな書生だ。

ゼロから仕事を教えることになるので、新人の期間は人件費が完全に持ち出しとなる。足手まといでマイナス貢献しかできていない新人に加えて、教える側の先輩の労働時間を換算すると、かなりの人件費負担になる。それが1年、2年と経験を積んでいくうちに、採算の取れる人材になっていく。

高採算人材に進化中なので、1・25倍以上の割り増しの残業代が増えても、それ以上の成果が期待できる。それだけではない、効果測定が難しいが、**若手社員は「教育投資」に値する人材でもある。会社が投じた人件費を回収する期間が長い**のだ。数年で減価償却が

終わって、後年は利益になるのでお金も労力もかけやすいが、中高年になってくると教育しても回収できる期間が限られているのであまりやりたくない。

大手企業だと、新人研修から始まってフォロー研修、中堅社員研修、リーダーシップ、ロジカルシンキング、コーチング等々様々なプログラムが用意されている。しかし日本企業の人材育成はＯＪＴが中心の経験主義だ。若いうちにできるだけいろんな業務を経験させて能力開発していくことが主体となっている。残業させて負荷をかけてでも大事な経験はさせたい。

だから「○○君、最近よく頑張っているね。感心、感心、我々も見習わないと」と周りの先輩たちも温かい眼差しで若い人の残業を見守っている。

ところが、この評価も**35歳を過ぎて40歳に差し掛かるころには正反対の評価**となる。

「いつも遅いけど、生産性悪いんじゃないの？」
「生活残業？」
「頑張ってるアピール？」

もちろん状況はそれぞれ異なるが、35歳から40歳と言えば、管理職昇進していなければ残業代が発生するので残業単価がもっとも高い状況である。

若手の残業が評価される理由の一つに残業単価の安さがあるわけだが、ベテランに相応しい一時間当たりのアウトプットが高ければ問題ないが、単価が高い上にパフォーマンスがいまひとつでは、人件費ドロボーと言われて「不採算人材」のレッテルを貼られかねない。

会社によってはこのようなベテラン社員を専門職として「管理職層」に昇格させた上で、残業手当を不支給にしているところもある。

部下はいないが管理監督者に相当する専門性を有し、重要な職務についているとして管理職扱い（または裁量労働）で処遇しており、中には年俸制もある。だが、本当に専門性が高いかと言えば疑わしい人も多い。

欧米企業であれば、「残業代」は単に超過勤務に対する割り増し給与に過ぎないが、世界でも類を見ない特殊な雇用システムを維持している**日本企業の残業は「教育」や「評価」、「出世」、「報酬」、「人間関係」、「組織風土」など様々な理由を包含する概念**となっている。単純に○％削減すればいいというものではないのは確かだ。

第2章
これまで組織を支えていた「抱え込み課長」は、なぜ生き残れないのか

1 「課長になりたくない」が当たり前

あなたはこの1週間ほどを振り返ってみて『楽しい出来事』があっただろうか？

この問いに、「えっ、1週間くらいだと楽しいことなどなかったなあ」と思ったあなたは管理職失格である。

管理職が果たすべき最も重要な役割は短期的には組織の成果を上げることだが、中長期的にはその組織の後継者を育てることと言える。だが、1週間を振り返って楽しかったことすら思い出せない管理職は、恐らく苦虫を嚙み潰したような顔をしながら日々仕事をしている可能性が高い。そういう姿を見て、誰があなたの後継者になりたいと思うだろうか。

バブル時代の生涯賃金は3億2千万円と言われたが、現在の若者は課長まで出世する人が4人に1人の割合だとして、2億3千万円程度に留まるという。9千万円も低いのは可哀そうだという話もあるが、バブル期以前に社会に出た多くの会社員は専業主婦世帯であり、夫が稼いだ3億2千万円で家族4人が暮らし、住宅ローンを支払った。

ところが、現在では「女性活躍推進」や人手不足も手伝って、夫婦そろって正社員として働けば出世しなくても2人合わせて4億6千万円を稼いで、余裕で子供を私立に通わせることができるし、両家の親どちらかが何らかの不動産を残してくれていたりすると、住宅ローン返済のプレッシャーもさほどでもない。

夫婦で力を合わせれば結構リッチな生活ができるのだ。労働生産性の高い結婚適齢期の30代社員は、頑張って僅かばかりの管理職手当と「課長」というステイタスを得る動機が乏しいのだ。それに加えて前段の「辛そうな管理職」の姿である。

出世欲に対するモチベーションの低さは特に中小企業で目立ってきた。

大企業に勤めている会社員であれば、現在のパフォーマンスの良し悪しは別として、本人はそれなりのエリート意識を持っているので、『管理職』というステイタスに価値を置いている。

それに就活で苦労してやっと入社した大企業である。親や親戚縁者からは「いい会社に入ったな。有名企業じゃないか。簡単にやめるなよ」と釘を刺され、奥さんからは「あなた頑張って出世してよね。子供にはいい学校に行かせたいし」とプレッシャーをかけられている。

これら有言無言の圧力もあり、もはや『転職』『起業』という選択肢は考えられず、いやでも出世を目指さざるを得ない。仕事に行き詰って、鬱（うつ）になり、自殺や過労死に追い込まれるまで頑張る人がいるのも不思議なことではない。

ところが中小企業となると事情が異なる。会社に対して過度なロイヤリティがないので、不満があれば転職もいとわない。ましてや少子高齢化の進展により生産年齢人口（15歳から65歳までの働き手世代）が減少し、人手不足状況が続き、仕事さえ選ばなければ転職環境はよい。

また管理職に昇進すると時間管理の対象外となって、「残業手当」が支給されなくなり、毎月固定の「管理職手当」に置き換わる。そもそもそういう人は会社から期待され、パフォーマンスも高いから管理職に任命されるので残業も多く、昇進すると確実に月例賃金が下がることになる。管理職になってボーナスが大幅に上がる会社ならいいが、中小企業ではそれほど大きな格差をつけていないので、年収ベースでも部下のほうが報われているというケースは決して少なくない。

「サラリーマンってそんなもんだよ。課長になったら昇給額が大きいので、いずれは逆転し、昇進すればいいんだ」という部長の言葉で渋々納得したのは今や昔である。会社業績が伸びても管理職ポストは削られる傾向にあり、出世の確率が悪くなっている。

「〝課長になったら給与が下がるんだよ〟と部下にこぼしてはいけない」と私は企業研修で講義しているが、飲み会で思わずそう言ってしまう管理職を誰が責められるだろうか。

2 部下も自分も残業せずにパフォーマンスを上げる課長が出世する時代

「部下に残業させずに（労働コストを抑えて）、組織マネジメントを行うのはさほど難しいことではない」と言ったら驚くだろうか。

答えは「残業代がつかない（労働コストが上がらない）課長が部下の分をやればいい」ということなのだが、「なんだ、そんな馬鹿な答えがあるか」とお叱りを受けそうだが、そういう課長は非常に多いのが実態だ。

以前、ある大企業の管理職実態調査に携わったことがある。

「現場の第一線で活躍中の課長クラスが疲弊している」というお題を頂戴して調査に乗り出したのだが、厳しいコスト競争にさらされている企業にとって最大のコストである人件費をいかに抑制するかは永遠の課題と言える。

その最前線にいるのが最小単位組織の業績責任のある課長だが、ほんの数年前までは部下をこき使って残業コストを増やしても、それ以上の業績を上げれば優秀な管理職と見なされた。要は「費用対効果」の問題と認識されていた。

特にバブル前後で会社業績の浮き沈みを経験した、現在部長以上の経営幹部は、「より多くの労働時間を投入すればなんとか業績を上げられる」という成功体験を持っている。

そういう経営幹部が部下である課長に「社員に残業させるな！　時間当たりアウトプットを上げろ！」と口では言っても答えを持っていないし、受け手の課長も次世代幹部を目指して奮闘中のため、「そんな無理なことを言われても…部下の分を自分がやるしかない」と安易に考えてしまう。

時間管理の対象外なので、出退社は本人の裁量である。「成績さえ上げてくれれば会社に来なくてもいい」という位置づけだが、部下管理責任があるし、自分もいち社員としての仕事もあるプレーイング・マネージャーなので、そうもいかない。


管理職実態調査の話に戻るが、大多数の管理職が自身の実総労働時間を意識していなかった。「月間でどんな仕事に何時間くらい割いていますか」と聞いてもピンとこない。「1日何時間働いていますか？」

「それを1か月に換算すると何時間になりますか」

「×12か月して、そこから年間有給休暇を差し引いてください」と計算してもらって初めて自身の労働時間の多さに気づくのだ。

以前、物流業界の課長クラスを集めて「労働時間マネジメント」という講演した際に、受講者に計算してもらったら、年間5000時間超になる人もいた。

私は人事コンサルタントという仕事柄、年間1000人を超える管理職の方々と交流があるが、課長クラスのこのような実態はどこの業界も同じである。会社の中で最も厳しい状況に置かれているのは課長だ。またこれは課長代理、係長、主任と呼ばれるいわゆる課長候補者にも当てはまる。

課長が部長から責められるように、彼らもまた無茶ぶりな「残業を控えろ！」という厳しい残業規制と、馬鹿の一つ覚えのように「効率化！効率化！」と生産性の向上を強いられ、無能呼ばわりされないようにサービス残業化の道を突き進むことになる。

課長の受難を挙げるとキリがないのだが、管理職になった大きな理由がある。「**メンタルが強い**」ということだ。

課長昇進させる際に、会社が能力の足切りラインに設定するのが「**判断力**」である。部下から見てどんなにボンクラな課長だと思っても、会社からすると、「少なくとも間違った判断はしないだろう」という会社の判断がある。

それと同じくらい重視するのが「メンタルタフネス」だ。上司や顧客からちょっと追い込まれただけでいちいち心が折れるようでは管理職は務まらない。会社の看板を背負うだけの責任権限を与えているのだから。

だから「部下のメンタル不全に注意しろ！」と管理職向けメンタルヘルス研修やストレ

スチェックなどで、部下の精神状況を把握して適切な対応をとるように会社から指導されているが、「あなたも気を付けてください」とはあまり言われない。

「長時間労働の問題はそう簡単に解決しない」と第1章で詳しく書いたが、政府は本腰を入れて、働き方改革を企業に求めている。ABCマートや電通、三菱電機が書類送検されたが、2016年10月には厚労省に「ジョカツ（女活）部」までが創設された。**部下はもちろん自身も残業せずにパフォーマンスを上げられる課長が求められている。**

3 管理職になったらタスクと労働時間が激増する

部下の労働時間は厳しく管理しないといけないが、自身の労働時間が管理されない課長は、どのようにしてタイムマネジメントをしているのだろうか？

いや、私の知る限り9割の課長はまともなことはできていない。なぜなら組織全体のタイムマネジメントをしなければならないからである。

世の中には多くのタイムマネジメント本が販売されているが、その大多数がタスクをいかに効率よく処理するかについての個人スキルに特化している。

「TO DOリストを作る」、「タスクを緊急度と重要度に分けて優先順位をつける」、「手帳で管理する」、「明確な目標を立てる」、「年度、四半期、月、週、日単位で目標をブレイクダウンする」、「仕事に集中する時間を確保する」等々…。それぞれ試してみる価値はあるのだが、上司や部下、顧客、他部署に振り回されている課長は、タイムマネジメントどころではない。

課長自身の労働時間が増大する理由は多岐に渡っているが、整理すると次頁の図表③のようになる。大きく分けると担当業務に起因するものと、課長自身の生産性に起因するも

図表③ 管理職の労働時間が増大する要因

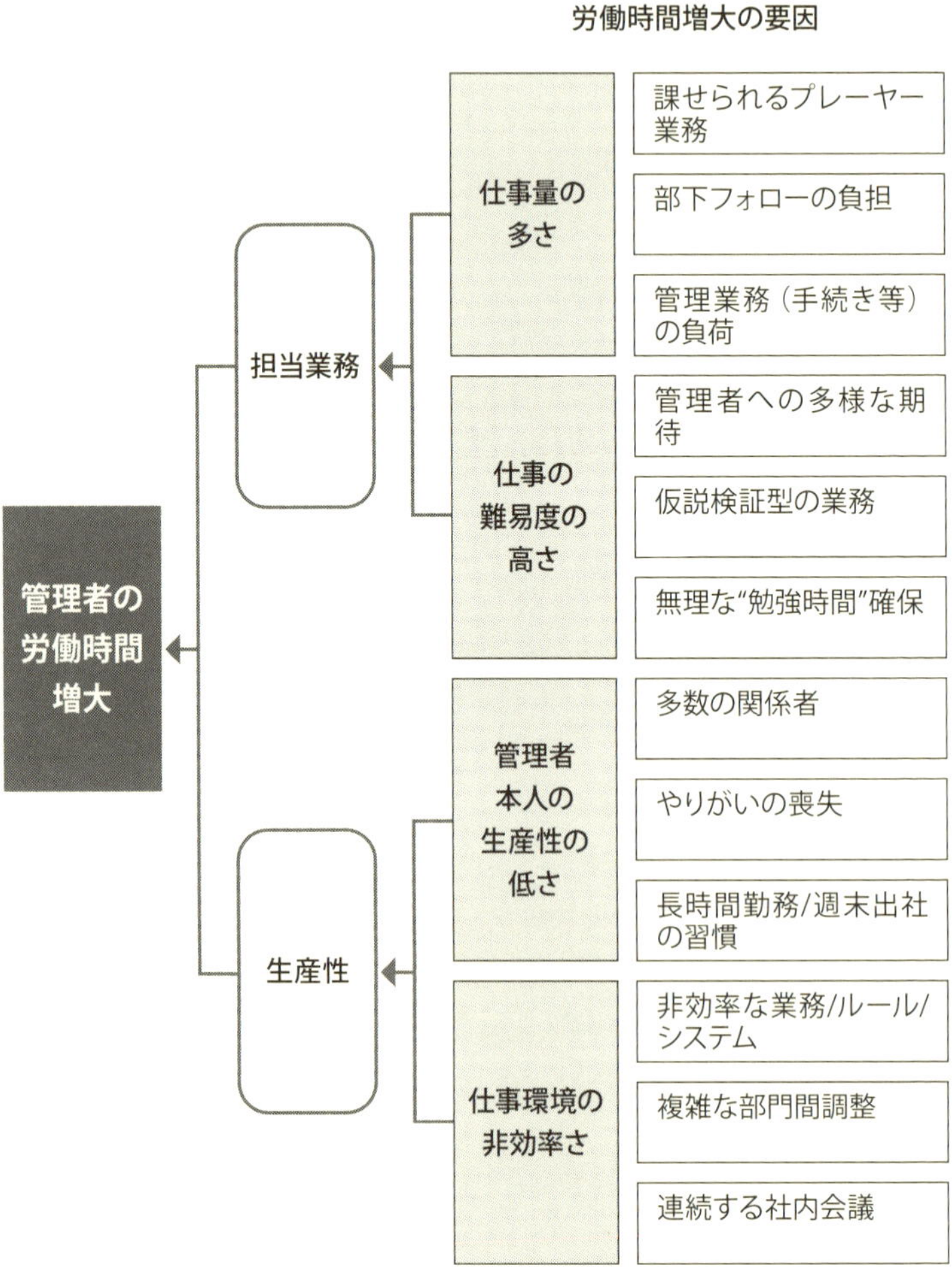

のがある。

課長の担当業務については、まず「**仕事量の多さ**」が問題だ。

日本企業のほとんどの課長が実務をこなすプレーイング・マネージャーだが、そもそも担当者としての仕事が年々増加傾向にある。

また、経営幹部からは「少数精鋭化」という言葉をよく聞くが、そんな組織はあまりお目にかかったことがない。リストラしたら、愛想をつかせたハイパフォーマーが会社を去って、確実に居残ったローパフォーマーだらけの少数組織になったという笑えない話が多い。そんな部下たちのフォロー負担が課長にのしかかる。

更に、社内アンケートだの、全社横断のプロジェクトだの、改革好きの経営者から様々な新しい単発業務が矢継ぎ早に飛び込んでくる。仕事を振る側は単発のタスクなのだが、受ける方は毎週どこかの組織から新たな依頼がある。管理業務だけでも忙しいのに勘弁してほしいところである。

次に問題なのが「**仕事の難易度の高さ**」である。

管理職は会社から多くの期待を受けて就任している。20、30年前の課長であれば組織目標を達成し、部下を育成・動機付けすること以外に求められることなどなかった。

ところが現在の課長には、それらに加えて「自身および部下のパワハラ」、「セクハラ」、「部下のメンタルヘルス」、「コンプライアンス」など当時は概念すらなかった領域までマネジメントしなければならない。

生産性に起因する問題としては**「管理者本人の生産性の低さ」**と**「仕事環境の非効率さ」**がある。

前者は、まず利害関係者が格段に増え、交渉業務・調整業務が主要なタスクとなるために、コミュニケーション力をかなりのレベルで高度化することが必要となってくる。

仕事の絶対量が増え、難度が上がり、利害関係者との調整まで考えると、もはや平日の長時間労働、週末出社は避けられそうもない。

こんな状況が続くと上司や家族の期待をよそに、本人のやりがいの喪失につながることも少なくない。

相対的にメンタルの強い社員が管理職に登用されると言ったが、**これからは一般社員よりも管理職のメンタルをケアすることを会社は考えないといけない**かもしれない。

後者の**「仕事環境の非効率さ」**は、まだまだ残っている非効率な業務やルール、システムを改定する主体者に管理職がなり得ていないことも一因だろう。日ごろ問題意識を持ちながらも「改革！」を口に出したとたん、「じゃあ、お前やれ！」と言い出したものが損をするような組織風土では、生産性改善など進むわけがない。

4 「これまでの仕事の進め方が評価されない」新任課長を襲う5つの苦悩

新任・若手課長は次のような5つの悩みを抱え、自分で頑張れば頑張るほど前項の「労働時間増大の要因」を、更に増幅してしまうという「悪循環」に陥ることが多い（図表④）。

ひとつ目は、「**これまでの仕事の進め方が評価されない**」ということだ。

管理職に登用されるのは、一般社員として最も優秀なグループにいたからである。中には標準的なパフォーマンスだが、サービス残業で補って、ハイパフォーマーグループとみなされて何とか今回の昇進に間に合ったという人も少なくはないだろうが、これまでの働き方が評価されたことに違いはない。

だが、管理職に任用されるとこれまでのように「5等級に昇格したばかりだから、まだしょうがないよね。1年もすればできるようになるさ」というようなモラトリアム期間など存在しない。いきなり大人（管理職）扱いされて、組織全体の業績向上を求められる。個人の業績がいかに高くても、組織全体の成績が評価の対象となる。

優秀な部下たちに恵まれていることなど期待できない。使えない部下の面倒を見るだけならまだいいほうで、代わりに部下の足りない分まで穴埋めするはめになる。

図表④ 新任課長を襲う5つの苦悩

今までの仕事のやり方が評価されない	昇格前はプレーヤー個人として高い評価を得ていたが、昇格後は評価されない…	→ 部下の分を自分でやって評価（チーム評価）を高めがち
自身による自身への期待値を下げられない	プレーヤー時代は勝ち組であったが、昇格後は横一線。勝ち続けなければ…	→ 無理に自分を追い込み、知らずに部下も追い込みがち
マネジメントのやり方を誰にも聞けない	上も横も皆、マネジメントに悩んでいて、なかなか“マネジメントの師匠”に出会えない…	→ 手探りで我流で行い失敗を重ね、部下との距離が開きがち
立ち止まって冷静に考える時間がない	考えれば解決できるかもしれないが、とにかく今は無理。毎日毎日仕事が増える一方…	→ “慣れ”による効率化を淡く期待し、とにかく突き進みがち
話・心の通じる部下（“右腕”）がいない	課長としての十分な成果をまだ出せていないため、部下からの信頼はまだ低い…	→ 自身1人が頑張るほど、“自身vs部下”の構図になりがち

2つ目は、「**自分への期待値を下げられない**」ことだ。

プレーヤー時代は勝ち組であったが、昇格後は新任もベテランもなく、横一線で比較される。「勝ち続けなければ」という強迫観念にとらわれ、過剰な頑張りで自らを追い込むことが少なくない。

標準的な年次で管理職登用された課長であれば、先に出世した同期のライバルや周囲の管理職を、客観的に観察する時間的余裕を持って昇進しているので自己への期待はさほどでもないが、最選抜で同期の誰よりも早く昇進した新任課長は「更に早く」と焦っている。こういうタイプは自分に厳しいだけにとどまらず、部下にも厳しい要求をする傾向があり、部下をメンタル不全に追い込むことさえある。

3つ目は、「**マネジメントの師匠がいない**」ことだ。

先輩課長も上司の部長も、いまどきのマネジメントについて日々悩んでいて、なかなか〝マネジメントの師匠〟と言える人に出会えない。新任管理職研修で「これまで仕えた上司の中でメンター（師匠）と呼べる人は何人いましたか？」と受講者に質問しても、「過去10人の課長に仕えたが一人もいなかった」という答えが大半だ。

それもそのはずで、理不尽な上司の元で今ならパワハラと言われかねない言動に我慢し、

「こんな上司になるものか」と頑張ってきた人だから会社に認められたという逆説が成り立つ。

こうした課長は、手探りの我流でマネジメントを行い、失敗を重ねるうちに、部下との距離が開きがちになる。

4つ目は、**「立ち止まって冷静に考える時間がない」**ことだ。

前述のように、新任管理職にモラトリアム期間は存在しない。考える時間が少しでもあれば解決できるかもしれないが、とにかく今は無理。毎日のように未経験の仕事が増える一方である。余裕が無い中で他の課長も何とかやっているのだから、と〝慣れ〟による効率化を淡く期待しながら、とにかく突き進むしかない。

5つ目は、**「話の通じる部下（右腕）が存在しない」**ことだ。

課長としての十分な成果を出せていないため、部下からの信頼はまだ低い。昇進を機に異動してきた課長であれば、部下の大多数は当面「お手並み拝見」モードになっている。一度や二度飲み会をしたからといって部下の心をつかめるわけではない。

内部昇進であっても同じことだ。これまで一緒に同僚として働いていたメンバーが突然部下になるので、人心掌握していると思いたいところだが、労働者から使用者という立場に代わっていることを忘れてはいけない。

部下は確実に距離を置いているし、自身も管理職っぽく振る舞っているはずだが、まだ板についていないのだろう。自身ひとりが頑張るほどに、「自身vs部下」の対立した構図になりがちだ。

管理職としての長時間の勤務に〝慣れて〟しまう前（新任・若手の間）に、いかに効率的な仕事スタイルを習得するかは非常に重要なテーマだ。

5 課長になったら「減点評価」が適用されるという常識

一般社員は加点評価だが、課長は減点評価だということをご存じだろうか。

新卒から管理職に到達するまでは「育成期間」でもあるので、期待も込めてポジティブに評価するが、管理職層に突入すると「貢献期間」となるので、期待を下回るとネガティブな評価が下る。

企業で実施されている評価は基本的に、年度ごとの成績である「人事評価」と、数年単位のスパンで評価され、昇降格や任用・異動の参考にする「任免評価」がある。

制度として社員が理解している人事評価は、「個別に業務目標を設定して、その到達度合いを確認するパターン」か、「等級ごとにあらかじめ定められた（行動）評価基準をベースにした仕事ぶりを評価するパターン」かのどちらか、または両方で運用されている。

会社によって制度や基準の公開度合いは異なるが、給与改定や賞与、退職金など具体的に貰える金銭的報酬と直結しているので、社員が日常意識するのは人事評価だ。

ほとんどすべての社員が対象となるために、「客観性」、「公正性」、「納得感」に留意しながら制度運用することになる。

ただ人事評価をしっかり運用するには会社も社員も労力を要するので、大企業では当たり前でも、小さな会社での導入率は決して高くはない。

しかし任免評価は、社員が意識するか否かにかかわらず、どんな会社にも必ず存在する。「昇格制度」、「昇降格基準」、「役職任期制」など制度化している企業もあるが、多くは社員からするとブラックボックスとなっている。企業の経営戦略・組織戦略に直接関わってくる問題だからだ。

人事評価が全社員を対象としているので、会社全体のマネジメントを考えながら部門間のバラツキを調整したり、不公平が起きないように配慮する必要があるが、任免評価は「誰を新規事業の責任者に抜擢するか」、「管理職ポストから外れてもらうのは誰か」、「次の役員候補をどうするか」という選抜のための評価だ。

経営の神様、松下幸之助氏は「**昇格は周囲の納得が必要、降格は本人の納得が必要**」という名言を残しているが、周囲の納得や公平性、配慮などをしているのは優秀な人材が有り余っている一部の超大企業くらいだ。

成果主義であろうが、年功序列主義であろうが課長まで到達した管理職は、選ばれた人に違いはない。

ただこれ以降の出世競争は定員制のポストの争奪戦となるので、**優秀だから選ばれるのではなく、失点があって落とされる**という意味合いが強くなる。

身近な例で言えば「最近A君の成長が著しいね。かなり頑張っているそうじゃないか」と部長は一般社員の成長ぶりは本人の努力の賜物だと評価する。

ところが、「最近B君のパフォーマンスがよろしくないな。どうなっとるのだ。課長の指導が悪いんじゃないか」と課長の育成責任に発展するのが普通だ。

人材育成は最小単位の組織を統括する課長にとって非常に重要な役割である。増員されない中で、成果を出し続けるには伸びしろのある若手の労働生産性向上しかないからだ。ところが、前記のようにマイナス評価はされてもプラス評価はまずされない。部下育成に力が入らないのもうなずける。

6 課長の2020年問題「こんな課長は絶滅する」

その昔「万年課長」という言葉があった。高度経済成長期からバブル期にかけて、可もなく不可もないそれなりの働きぶりで、年功序列の人事諸制度に則って、40代後半で遅ればせながら周回遅れの課長昇進を果たし、役職定年までの約10年間課長としてつつがなく過ごす。

リスクは負わないが、大きな間違いもしない、ミスがないという点で上司の信頼はそこそこ厚いが、引き上げるほどのパワーを感じない。課長としての権限はあるのでPLAN-DO-CHECK-ACTIONという観点からすればマネジメントはしているが、決してリーダーシップ（権限がなくても人を動かせる力）があるわけではない。

成果主義的な人事制度が主流となって、「年功序列」的な人事運用が批判されることが多いが、年功序列とは「年々の功績の積み上げで処遇しよう」とすることだけでなく、「長い時間をかけて経営幹部人材を見極めるとともに、早期脱落者を出さない」仕組みでもある。そういう仕組みに則って**可もなく不可もない、恐らくそれ以上昇進しないであろうと就任当初から想定される課長は、生き残れない時代**になっている。

しばらくするとまた各々の業界で、「2020年問題」という話題が出てくると想定されるが、人事を取り巻く環境も2020年で様々な問題が噴出することは目に見えている。現在の経営環境を人事的な側面から端的に表現すると、「**人手不足**」、「**業績はなんとか維持**」、「**働き盛りの40代が頑張っている**」状況である。

それが2020年になると、若手の人手不足が更に深刻になり、売り手市場が加速し、人員確保を優先するとなると、採用する新卒人材(中途も)の質が悪化する可能性が高い。一般的にコミュニケーション力が低いと言われるゆとり・サトリ世代だが、彼ら彼女らをどのように育てていくのかを現場の管理職はしっかりと考えていかねばならない。

企業業績はどうなっているのだろうか。確定している未来としてオリンピック景気の終了という現実があるし、消費増税もなくなったわけではない。政府の緊縮財政が続くとすれば、企業収益は停滞する可能性が高くなる。

そうなると昔は経営者が不退転の決意で臨んだ「人員削減」も、今や非常事態宣言をせずとも人事施策のオプションのひとつに過ぎない位置づけとなったので、中高年のローパフォーマー中心に粛々と進められることになる。

ただ問題なのは、2020年と言えば、企業の人口構成の中で最も大きな比率を占めているバブル入社世代が50代半ばに差し掛かることだ。

ビジネスパーソンだけでなく職人の世界でも実務能力は45歳がピークだという通説があ

るが、経験に裏打ちされたマネジメントができる立場にいる管理職ならいいが、**ポスト競争に敗れて一般社員と同じ実務をこなしているピークアウト真っ只中のバブル入社世代は、人件費対効果の観点から、会社業績に翻弄される**ことになる。

50代半ばの社員に与えるポストも余裕も企業にはないし、業績が厳しいとなれば総額人件費の抑制策に走らなければならなくなる。

冒頭で述べた「万年課長」や上にはいい顔をするが部下には理不尽な「ヒラメ課長」、上位方針・部下提言をそのまま伝える「コピペ課長」、誰にでも調子を合わせてその場を取り繕うことに長けた「八方美人課長」など、これまでなら何とか生息できた課長は2020年には絶滅危惧品種に指定されるに違いない。

7 これまで組織を支えていた「抱え込み課長」は、なぜ生き残れないのか

あなたは**『仕事を抱え込むタイプ』**だろうか、あるいは**『他者に投げるタイプ』**だろうか。本人の性格やこれまで培ってきた仕事の進め方によるのだが、管理職への登用のされ方も影響している。

前者の場合は日常の実務能力が認められて、所属組織内で管理職となる内部昇進した課長に多いパターンだ。恐らく7割から8割の管理職はこのパターンではなかろうか。

実務に長けているので、管理職登用された時点でこれまでやっていた仕事をほぼ継続して行うことが暗黙の前提となっている場合が多い。任命した上司も実務に詳しい課長がいれば安心だし、本人も同じ組織にいて立場が変わっただけなので、業務に継続性があり部下に引き継ぐことになった時の心配も少ない。

ところが、ここに落とし穴がある。会社からすると内部昇進であっても、組織の長に任命したのだから、マネジメント業務での活躍を期待する。本人もそういう期待役割を背負っていることは重々承知しているのだが、新任課長はその組織の実務の要でもある。担当者としての自分の仕事が滞ってはいけないので、「**実務最優先、マネジメント後回し**」とい

う思考パターンに陥ることが多い。

この場合、配下にしっかり者の係長、実務の牽引車である主任、独り立ちした中堅社員、そろそろ自立させたい若手社員というような〝きれいな階層〟になっていればいいが、こんなバランスのとれた組織はあまりお目にかかったことがない。

どちらかと言えば、実務に詳しい課長の下には実務能力がいまひとつで、上司（部長）も部下も課長に頼るような体制となっており、部下の足りないパフォーマンスを課長自らがサポートして何とか取り繕っている。

それならまだましなほうで、部下に任せるくらいなら自分でやったほうが早いので、ついには部下の仕事を奪ってしまうことさえある。

小規模組織の管理職は、自身が実務の頭数に入っているのが前提で、組織全体の成績に責任を負っている。組織を任された立場なので法や倫理に触れなければ、建前として手段は問われないことになっている。

管理職はここでマネジメントとしてどうあるべきか、どう対処すべきかを考えなければならないのだが、上司・上層部への報告や部長からの突発的な丸投げタスク、管理部門からの事務処理依頼などに日々対応しているうちに、毎日到来する締め切り日に追われる緊急タスクを何とかこなすことさえできればいいという**短期思考**に陥ってしまう。

こうなってくると悪循環である。課長の実務処理能力は多少上がるかもしれないが、時間には限度がある。部下に仕事を任せられないので、彼らは成長の機会を失い、いつまでも課長に頼りきりになる可能性がある。

まだ課長と近しい年代の部下であれば、大変そうな課長の姿を見て「手伝いましょうか？」と支援の姿勢を見せるかもしれないが、〝残業させるな・コスト抑えよ令〟が上層部から出ているので、コスト増にならずに（残業代がかからずに）実務処理ができる最善（？）の方法である**『自分がやればすべてうまくいく』**モードが加速することになる。

ゆとり・サトリ世代にいたっては、収入よりも休日や早帰りのほうを優先したいので、「課長大変そう」と思いながらも躊躇なくお先に失礼する。

働き方改革が叫ばれている中で注目されているのは、部下に対する労働時間マネジメントだが、それを考える前に、「抱え込み課長」と周りから揶揄されないようにしなければならない。

課長が仕事を抱え込んでアップアップしていても、誰も評価してくれないし、それで潰れてしまっても誰も同情してくれない。自分のことは自分で守り、攻めなければ課長はやってられない。

8 優秀な部下が「丸投げ課長」を見捨てる時

もうひとつの典型例は**丸投げタイプ**の課長だ。

こちらも本人の性格特性などによるところが大きいのだが、やはり、管理職への登用のされ方が影響している。

原則として、管理職への昇進・昇格に当たっては組織図に記載されたポストが存在する。一つの組織（課）から管理職が誕生したら、その組織の責任者（課長）になり、これまで上司だった元課長は、他の組織の責任者に異動する内部昇格か、昇格者である新課長が別の組織の責任者に就任する異動昇格となる。

そして後者のパターンで昇格したことを期に、丸投げ課長が誕生する危険性が出てくる。責任者が他部門に異動する場合、その組織のマネジメントが滞ってはいけないので、ナンバー2クラスにしっかり者が配置されている場合が少なくない。課長歴が長いか短いかにかかわらず、他部門から異動してきたばかりの課長が活躍できるようになるまでには、それなりの時間を要する。

ナンバー2は当然のことながら、次期管理職の筆頭候補者である。残業問題などに関係なくよく働き、新課長へのサポート、周囲への気配りなどのレベルも高いはずだ（少なくとも他のメンバーと比べて)。

　異動してきたばかりの新課長は、当面このナンバー2に頼らざるを得なくなるのだが、課長も実務を抱えるプレーイング・マネージャーである。前任者からの引継ぎや新たな管理項目などへの対応に苦慮し、いつまでも彼に甘えてしまうことになりがちだ。

「君は次期の課長なんだから」という常套句を餌に、上から降ってくる仕事を課長が部下に丸投げする傾向に拍車がかかってくる。

　だが、ベンチャー企業や外資系、中小企業だと、そんな上司に我慢してまで頑張ったとしても得られるメリットは薄い。いまだ「雇用保障」幻想のある日本の大企業に比べていい意味でも、悪い意味でも所属する会社に対してのロイヤリティが高いとは言えない。

　そこそこ優秀で上司に不満があり、無能上司を野放しにしている会社に見切りをつけ、転職市場の好転とともにさっさと会社を去る者もいるだろう。

　いずれにしても自身や後輩たちに対する丸投げぶりを見かねたナンバー2は、人事部や更に上の上司に直訴したり、不満をぶつけることになる。課長の管理職としての無能ぶりが明らかになり、早晩立場が厳しくなるか、来期の管理職スターティング・メンバーから外される可能性が高くなる。課長の〝戦力外通告〟である。

　一方、日本の大企業では、成果主義、役割主義が浸透してきたとは言え、基本的な人事運用は定年までのキャリアを見据えた年功管理であることは前述の通りである。

安易に会社を辞めるべきでないことは多くの日本の大企業社員が認識していることだが、この10年くらいの間に社員の意識の変化が大企業でも顕著になっている。

それは「出世」とりわけ「管理職」への昇進に対する志向性が薄くなっていることだ。世間では「同一労働同一賃金」や「ワーキングプアー」などがクローズアップされているが、これは正規・非正規社員間の格差という正社員にとってはマイナーな問題である。

さらに今後も人手不足はますます深刻化するので、格差是正問題や非正規社員問題も自然と解決の方向に向かうだろう。

話を元に戻すと、一人の男性正社員が妻子を養うモデルが崩壊し、管理職昇進へのインセンティブがない時代である。出世欲がないからといって誰も非難しないし、それがスタンダードになりそうな感もある。

雇用が安定している（と思っている）中で、出世の実権を握っている直属の上司に迎合する必然性がなくなってきたことを、丸投げ課長は肝に銘じるべきだ。

第3章

課長が「定年まで生き残る」ための特別講座

1 管理職の〝賞味期限〟は6-3-3の12年!

管理職には賞味期限がある。ゆえに会社員としてのキャリアを考えてみると、登用された時の年齢は重要だ。

欧米だと定年制をはじめ年齢を理由とした処遇切り下げは差別法に抵触するが、日本では22歳の新卒一括採用に始まり、60歳定年を経て、65歳までの再雇用という枠組みの中で人事管理が行われている。

業界や会社によって管理職の賞味期間は異なる。60歳が正社員としてのリミットは共通なので、製造業であれば、40歳前後登用で最大20年、IT系であれば、30歳そこそこで管理職になる場合もあるので30年くらいあるかしれない。ベンチャー企業であれば年齢や入社年次は一切関係ないため、オーナー社長がいいと思えば明日から管理職になることは可能である。

管理職として評価される年数の区切りが学校の進級システムと似たところがあり、結果的に6-3-3の12年制に近い運用になっていることがある。

会社は基本的に3年単位の中期経営計画のスパンで、経営戦略とそれを実現するための組織戦略、組織編制を決めている。

〝ドッグイヤー〟という言葉すら死語になるくらい「環境の変化が激しく、来期のことすら読めない」のに、投資家からは四半期報告を求められ、設備計画、投資計画、人員計画、財務計画等々あらゆる計画は3年程度のスパンで検討せざるを得ない。

組織図に掲載されている正式な組織の長は、3年を一区切りとして任ずるか免ずるかの評価がなされる。もちろん1年で外されることもあるし、期の途中でダメ出しされることもあるが、一般的な役員任期が2年で最低でも2期ほど勤める（計4年）のが通例なので、管理職なら3年2期の6年が一つの目安と言える。


この中計2期（6年）の間にそれなりの結果を出さないと、次の昇進（部長級）が厳しくなる。管理職の通信簿も一般社員と同様に、毎年の人事評価結果なのだが、中学・高校の進学の時のように学業成績だけではない、「内申書」の存在が大きい。課長としての普段の言動や素行、部長にした時の期待値などだ。

一般的な昇格の方法として「卒業方式」、「入学方式」という考え方がある。卒業方式はその学年で所定の単位が取れれば卒業できる。つまり当該等級で及第点を取れば上の等級に昇格できる。ところが入学方式だと当該等級で優秀であっても上位の等級に求められる基準に達していなければ昇格はない。ましてや管理職ともなれば、ポストの数が決まっている定員制なので、時の運に左右されることも少なくない。

最初の6年間でそれなりの実績が評価されると、ポストの問題もあるが、中期計営計画連動の3年単位か、役員改選に合わせた2年単位の任免評価になる。

会社業績や組織の統廃合、M&Aなどに翻弄されながらも何とか管理職としての立場を維持し続け、卒業年度となる12年経った時は、40歳前後で管理職登用された場合であれば、50歳代前半になり、役員という最終決勝ラウンドに駒を進めることになる。

予選敗退したら、役職定年制（50歳代前半から中盤あたりで自動的に役職を降りて、後進に道を譲る制度）に基づき、出向で子会社に行くか肩書のない立場に戻る。

激しさが増す一方の経営環境だが、マネジメントの経験値としても対外的にも、**管理職の賞味期間が12年**というのは日本企業であれば、これからもあまり変わらないような気がする。単年度でダメ出しされないように**3年単位のマネジメント**を心がけたい。

2 課長の出世はマイレージ方式になっている!?

新任課長は先輩課長より大変なのは第2章でお話しした通りだが、なんとしても早期に結果を出したいところだ。

経営者が考える管理職の昇進・昇格人事は、対象者の過去の実績と昇進後の期待だけではない。「勢い」を重視している。

大相撲でも大関に昇進したら、2場所連続で優勝またはそれに準ずる成績を残さないと横綱に推薦されない。

横綱審議委員会だとメンバーは有識者で構成されているが、企業の管理職昇進人事は役員などその企業で出世してきた人たちだ。彼らは「出世には勢いが必要だ」と経験に裏打ちされた考えを持っている。労務行政研究所など人事関連調査機関の統計でも「昇格は2年程度の成績で判断している」という結果が出ている（昔は3年が主流だった）。

勢いがそれほど重視されずに出世するパターンがあるとすれば、会社を常に客観視する立場にある「財務」や「人事」分野で実績を地道に積み上げてきた人に限られるといってもいい。

とはいえ、鳴り物入りで抜擢昇進した管理職であっても、何年も連続で優良な成績を上げ続けるのは容易なことではないし、大相撲でも毎場所いい横綱候補がひしめき合っているとは限らないように、「わが社は人材豊富だ」と豪語する経営者にあまりお目にかかったことはない。

管理職になる前の一般社員の昇格人事制度では、「ポイント制」を採用している会社は少なくない。格付けられた等級で人事評価の結果に応じてポイントが付与される仕組みだ。「S評価」（超優秀）だと、10ポイント、「A評価」（優秀）で6ポイント、「B評価」（標準）だと3ポイント、「C評価」（ちょっと要努力）1ポイント、「D評価」（ヤバイよあんた）だとポイント付与なし。

何年かかけてでもいいので10ポイントたまったら昇格の候補者としてノミネートされるというような仕組みだ。ただポイントがたまって自動的に昇格するのは、長くても新卒後5年目あたりまでのことで、通常はノミネートされるに過ぎない。万年C評価の社員が1年1ポイントずつ積み上げて10年経ったとしても、昇格審査で見送られるはずだ。

だが、管理職の昇格にはこのようなポイント制はあまり採用されていない。一般社員の場合とは異なり、原則としてポストが限られる定員制で運用されているからだ。「原則」といったのは日本の企業の場合、努力してそれなりの成績を安定的に維持してきて、管理職適齢期になった人材には、ポストが無くても昇進させるケースがあるからだ。

とは言っても、管理職人事は経営上の重要事項なので、成績の管理はきちんとなされている。課長以上は中期経営計画（以下、中計）の3年単位で任免を検討していると前項で述べたが、個々人の昇進・昇格は中計の区分に合わせて成績を3年ごとに区切っているわけではない。

航空会社のマイレージのように、直近3年程度の有効期間内での成績が審査の対象となり、4年前のA評価（優秀）は失効しているので、やはり3年で決着をつける必要性がある。逆に4年前は散々な成績だったとしても、降格やポストを降職されずに、その後体制を建て直すことができれば、4年前の低評価も失効する。その際、2年連続で優秀評価という「勢い」があれば、昇格の芽は十分にある。

必ずしも制度化（社員に公開）しているわけではないが、おおよそ似たような運用が行われているはずだ。

いずれにしても、管理職は組織図に正式に掲載されている部署の責任者ポジションを奪い合う椅子取りゲームでもある。**組織改編時にスターティング・メンバー入りしていない「部下なし管理職」状態だと、次のステップ（出世）に向けた3年評価のマイレージ制度は適用されない。**

3 課長になってから「リーダーシップを磨きたかった」では遅すぎる!!

マネジメントとリーダーシップの違いをご存じだろうか。

世の中にマネジメントやリーダーシップを論じた書籍は、ごまんとある。中には300頁を超えて論じているものもあるが、「人を動かす」という観点で言うと、マネジメントは、「責任・権限、それに相当するヒト・モノ・カネを与えられた者が行う活動（PLAN-DO-CHECK-ACTION）」で、与えられた権限で人を動かす。

一方、**リーダーシップは「責任・権限が無くても人を動かすことのできる」行動特性のこと**を言う。

マネジメントはワンプレイが短い野球などにたとえられることが多い。

試合の序盤、ノーアウトで1塁にランナーが出たら、監督の指示で「送りバント」を命ぜられるなど、戦うのは選手だが1球ごとのサインプレーでゲームが進行していく。

監督の仕事は選手の個性・才能を見出し、彼らに適材適所のポジション・役割を与えて、各人が指示通りに動かすことだが、選手がそれぞれ自分勝手に動き、コントロールできないとマネジメントできなくなる。

少年野球でも、監督は戦略や戦術、ゲームプランなどを立てないといけないので頭は使うが、選手は予め定められたパターンの動きを忠実に行うことを求められているので、あまり考えることはない。というより監督からすると考えないでほしいくらいだ。

プロスポーツの中でも野球選手のヒーローインタビューが最も稚拙な印象を受けるのは、子供のころから野球漬けで考える習慣を身に付けてこなかったからだろうか。

同じマネジメント系スポーツの中でもアメリカンフットボールは、1試合で300から500通りのフォーメーションを覚える必要があるので、少なくとも記憶力が弱いと試合にならない。以前、京都大学のアメフト部の学生に話を聞いたことがあるが、頭が良くて身体が丈夫そうな高校生に、合格したらアメフト部に入ることを前提に京大に合格できるように家庭教師をしていると聞いたことがある。一時期京大のアメフトが強かったのもうなずける。

リーダーシップが問われる団体スポーツは、サッカーやバスケット、バレーボールのような頻繁にインターセプト（一瞬で攻守交替する）がある競技に多いようだ。

ワンプレイごとに敵の裏をかいて自チームを有利な状況にすることが求められるので、自立した各選手のとっさの判断・反応に委ねざるを得ない。戦況に応じて選手を勇気づけたり、戦術の徹底を促したりすることはできるが、いったんプレイが始まると監督は選手を思い通りにマネジメントすることができない。

私はマネジメント研修を行う際、管理職昇進手前層の受講者を対象に「あなたは後輩たちをマネジメントで動かしていますか？　それともリーダーシップで動かしていますか？」と必ず尋ねることにしている。「リーダーシップで人を動かしてきたと思います」と答える受講者が多いのは頼もしい限りだ。

「では、これまであなたが仕えた上司（課長以上）はマネジメントとリーダーシップのどちらで人を動かしていましたか？」と尋ねると、ほとんどの受講者は「私は上司（課長）の権限（マネジメント）で動いていました」という回答になる。

実際、既任のベテラン管理職に同様の質問をすると、「いままで自身のリーダーシップで部下を動かしてきたと思っていましたが、きっと与えられた権限で動かしていただけですね」という話になる。

管理職になる前は「係長」と呼ばれようが、「課長代理」と言われようが、正式な責任者ではないので、権限に裏打ちされた業務命令で人を動かすことなどできない。だが、権限が無くても、その人の能力や実績、性格、日常の言動などを含めた「信頼感」があれば、**「この人が言うのであれば」**と従ってくれる。これがリーダーシップではなかろうか。

管理職には、トータルなマネジメント力が求められるが、部下を動かすときはリーダーシップで行きたいものだ。それには、組織の責任者になってからでは遅い。

4 リーダーシップは必要だが、カリスマ性はいらない理由

混迷の時代にカリスマ性のあるリーダーや政治家が求められる傾向がある。日経新聞の最終ページ左上のコラム「私の履歴書」などは大企業の創業者や中興の祖と言われる経営者の半生が描かれ、カリスマ性を感じるエピソードが多い。

課長にカリスマ性は必要なのだろうか？

「カリスマ」と言えば、「カリスマ店員」とか「カリスマ美容師」など一般人を魅了するような資質や技能を持った人気者のことを指すようになったが、もともとは、支配の形態のひとつとして理解されている。

語源由来辞典によると、ギリシャ語で「恵み」「恩愛」を意味する「カリス」に由来するとあり、旧約聖書で「神からの贈り物」「神の賜物」を意味する宗教用語だった。

その後ドイツの社会学者マックス・ウェーバーが社会学用語として用い、そこでは「特異性」「神秘性」「非人間性」のある政治家や宗教の指導者を指し、**善悪を問わず他の人間を支配・誘惑する意味**として使われるようになった。

最近では「カリスマ主婦」まで登場しており、単に業界で凄い人を「〇〇界のカリスマ」と呼ぶようになったので、かなり軽い感じて使われ過ぎて特別感がなくなってきた。

会社であれば、全知全能で全権を掌握している創業社長が、常識では考えないような発想や思考で非日常的な諸問題を解決していく様を社員は目の当たりにして、カリスマ性が醸成される。

そこで冒頭の質問に戻るが、課長にカリスマ性は必要なのだろうか？

答えは「否」である。

確かに課長は会社の最小単位の責任者であり、経営サイドの「使用者」という位置づけだ。「一国一城の主」と言う人もいるが、責任・権限は管理職の中では最小であり、課長の一存でできることは限られている。

課の予算といっても、部長にお伺いを立て、経理部に確認しないと、目標達成の飲み会の費用を経費で落とせないし、気に入らない部下ひとり更迭すらできない。どちらかといえば人事部から「頼むからこの人をなんとか使ってくれ」という、他部門でダメ出しされた部下を押し付けられていることのほうが多いのではないだろうか。

もっと言えば課長の上司からすると、部下から慕われている人気者ならまだいいが、そこにカリスマ性が加わると、途端に使いにくい課長となってしまう。いくら優秀であっても何をしでかすか読めない部下は煙たい存在にしかならない。

2013年の流行語大賞にまでなった「倍返し」の半沢直樹というドラマをご覧になっ

た方は多いと思うが、ドラマを見ている視聴者は自分の立場と照らし合わせて、悪の上司を成敗してくれる（常務まで成敗してしまった）半沢課長に拍手喝さいを送った。

しかし現実のマネジメントは、PLAN-DO-CHECK-ACTIONをきちんと回すことにあるので、動きが読めない部下は非常に困る。

野球の試合であれば、相手ピッチャーの調子がよく、終盤まで押さえ込まれていたが1アウトで出塁した虎の子のランナーを送りバントで進塁させたい監督のサインを無視して、強打されると困るのだ。マネジメントにサプライズは求められない。

右の定義のように、常識では考えられないような発想や思考を現実化する権限がない課長がそれをやって、仮に成果が出たとしても認められない。

人事評価で言えば、成果はA（優秀）判定されても、プロセスとしての行動評価はC（「やや努力必要」、というより「上司の言うこと聞け！」「きちんと報告・連絡・相談しろ！」）判定で相殺され、最終的にはせいぜいB（標準）評価が関の山だ。それに昇進・昇格に聞いてくる「内申書」でマイナス評価されることになるだけだ。

この本を手に取って、ここまで読み進めてくださっている読者は、半沢直樹のようなカリスマ課長を目指そうとしている方はいないと思われるが、目指したい方は役員になってからでいい。それでもCEOには報連相を欠かしてはいけない。

5 上司の人事評価より周囲の「評判」を大切にする

3年単位で進退の評価が下される課長は、4期12年の任期を全うするには、1年だって疎かにできない心境だと思う。だからといって1年1年、人事評価の成績だけに思考や気持ちを集中させていると、「近視眼的」とか、「短期思考」というどちらかというと付けてもらいたくないレッテルを貼られることになりそうだ。

上司の顔色を伺うのは組織人のサガではあるが、部下をはじめ、同僚課長、関連部門、外注先、派遣社員など周囲への気配りもしておきたい。もちろん出世するには大きな成果がほしいし、それにはリスクを取らなければならない。だが、課長として周囲からどのような「評判」を得ているかは、出世などポジティブなキャリアのことだけでなく、リストラの対象者となった時など窮地に立たされた時に救われる可能性が高くなることにもつながってくる。

その前に、「評価」と「評判」、言葉は似ているが何が違うのか。

「評価」は何らかの評価基準があってその基準に到達しているか、どれほど超えているかを判定することなので、客観性が重要となる。

ところが「評判」はどうであろうか。個々人が抱いているその人の印象の集合体のようなもので、客観的な基準など存在せず、主観の塊と言える。

20数年前、ある住宅街の歯科医院の「評判」調査をしたことがある。クライアントの歯科医師は地元の歯科医師会の中では、「治療技術は高い」という評価にもかかわらず、地域住民からは「治療が下手」、「先生の愛想が悪い」という悪い評判だった。

クライアントのドクターに確認してみると、治療内容などはほとんど説明をせずに、良かれと思ってどんどん治療を進めていたことが、かえって患者の心証を悪くして、住宅地であるがゆえに地域の奥様方の口コミで悪評判となり、患者数の激減につながってしまった、ということのようだ。診療時間は朝9時からなのだが、なぜか夜18時以降だけ予約が入る。患者のほとんどは会社帰りの男性会社員で、待ち時間がなく「一気に治療が進み、通院回数が少なくて済む」という理由のようだった。結局夜だけの診療というわけにもいかず、医院を移転することとなった。

歯科医院や飲食店では、「評判」は死活問題だが、企業で務めるサラリーパーソンの場合はどうであろうか。

客観性が重要な「評価」は、1イヤー・ルールの人事評価のことであり、給与改定・賞与などの短期的処遇に反映される。「評判」は昇進・昇格・異動などの長期的な処遇に効いてくるもので、前述の「任免評価」「内申書」に相当するが別の言い方をすると「人望」だ。

「人望」は短期では形成されるものではなく、長い年月をかけて築かれていくものだが、何かのきっかけで一気に落ちてしまう可能性もあり、再び高めるためには相当な時間を要することになる。ただ、一度良い評判が形成され、維持できていると、出世はもちろんのこと、リストラなどまさかの時に効いてくる。

それだけではない、仮に転職したとしても、前職で評判の良かった人は次の職場で成功する確率が高くなる。年収2000万円クラスの人材を紹介するヘッドハンターも、リストラ後の中高年の再就職支援のキャリア・カウンセラーも全く同じ話をする。「職務経歴書に書かれている実績や経験を買われて転職に成功しても、**新天地で成功しているのは前職でも評判の良かった人だ**」と。

比較的異動の多い大企業であれば、直属の上司に「評価」されるのは、数年の間だけだ。ややもすると、その短い期間内での成果に目が行きがちなのはしかたがないことだが、「サバイバル」という観点からすると、時間をかけてでも良い「評判」を形成することこそが自身の立場を有利にする秘訣だ。

人望のある人は「出世」、「転職成功」、「リストラされない」というローリスク・ハイリターンなキャリアを歩むことが可能となる。

6 教育熱心な会社に蔓延する「課長病」とは何か

管理職昇進を果たしたのはいいが、仕事の激増など過酷な労働環境にある課長が慢性疲労に陥っている状況を「**課長症候群**」、この状況を理由にして自己研鑽しないことを「**課長病**」と私は言っている。

一昔前の課長の病気と言えば「昇進鬱（うつ）」だった。経験とともに高まった実務能力が評価され、課長昇進するが、これまであまり経験してこなかった部下育成や社内調整などのマネジメント業務に悩み、うつ（またはうつ状態）を発症するというものだ。ただ最近は昇進うつという話はそれほど話題に上らない。メンタルヘルスの概念が浸透してきているとも言えるが、企業の昇進事情の違いも影響していると考えられる。

昇進うつが話題になったころは、企業はまだ年功序列的な人事運用が盛んで、まじめにコツコツと実務をこなしてきた40歳前後の社員はほとんど管理職昇進していた。つまり部下を持ち、上司からプレッシャーをかけられ、利害関係者たちと調整する能力の資質に乏しい社員も昇進していたと考えられる。

現在は組織の責任者として課長に任命される社員は厳選されているので、昇進うつの資質が疑われる人は、「専門職」として部下を持たずに実務に専念する人事運用になっている。

昔から言われ続けている「大企業病」はどうだろうか。ウィキペディアで調べると次のような解説があった。

「大企業病とは、主に大企業で見られる非効率的な企業体質のことである。組織が大きくなることにより経営者と従業員の意思疎通が不十分となり、結果として、組織内部に官僚主義、セクショナリズム、事なかれ主義、縦割り主義などが蔓延し、組織の非活性をもたらす。社員は不要な仕事を作り出し、細分化された仕事をこなすようになる傾向がある。」

課長昇進前後の社員に研修をしていると、確かにこのように感じるところはある。

会社方針の浸透度合いをグループディスカッションしても、「縦割り組織の弊害がありセクショナリズムを感じる」、「事なかれ主義の上司はチャレンジ案件を潰してしまう」などのような意見が出されることが多い。

また、発表時間（納期）を気にするあまり、すぐに解決の落としどころを設定し、検討が浅くても時間内に結論に持っていこうとする。

視野の狭さも気になる。大企業グループにいるとほとんどのことが自社や関連企業内のノウハウで賄えることが多く、仕事と直接関係しないグループ外の人脈を開拓していない。

研修の最後では『自分たちが主体となって組織風土を変えていく』と発表・宣言していただくことになるのだが、後にお会いする機会がないので、その後どうなっているのだろうと、ふと思い出すことがある。

以前ある大企業グループの教育を一手に請け負っている会社のマネジャーと意見交換している時に、なるほどと思ったことがある。

「課長になったら勉強しなくなる」というものだ。

確かに的を射ている。大企業病の特徴とも関連するが、教育機会などを会社から与えられ過ぎているために、勉強に関しては受け身一方で、自ら学習の機会を設定している人があまり見当たらない。

関心のあるコンテンツに自腹で受講するような姿勢のある人は非常に少数だ。

「『こんな忙しい時に研修なんて、仕事が溜まってタイヘンだ』と思って受講していませんか?」という講師の問いかけに、大多数の受講者が苦笑するくらいだから企業研修も仕事と同様に「こなしている感」が拭えない。

男女の違いもある。女性管理職は男性に比べて、自腹で自己投資している比率が高い。私も自己啓発のため様々な外部セミナーに参加しているが、女性の割合が高い。一般の女性もお小遣いを「美」「健康」「趣味」に投資しているが、男性は飲み代などの遊興費に消費するばかりで、自分の将来の資産(ノウハウ)を形成しようという考え方がないように思える。

少し前までは自腹で外部の研修に参加するのは大きなハードルだった。4～5万円程度のお小遣いでランチ代と飲食代に加え、研修代は賄えなかった。

それが今ではSNSが進展し、毎日のようにどこかで、それもランチ価格でセミナーや勉強会が開かれているという情報が入ってくる。

また自己啓発セミナーなどでは「〇〇養成講座」の卒業（免許皆伝）に際して「100人の一般人にコーチングせよ！」のような課題が出されるので、「無料（またはモニター価格）でコーチングさせてください」というような募集が増えてきた。

もはや「お金がないから」という言い訳は成り立たないので、仕事を早く切り上げることができたら、浮いた時間は消費するのではなく、自己「投資」に振り分けていただきたい。

7 管理職の9割は部下なし管理職になる

企業の人事部と話をしていると「管理職層」という表現がよく出てくる。本来、管理職は預かった組織の責任者のことを指し、組織マネジメントを推進するために部下や予算、権限が付与されている。

だが、多くの日本企業には、組織の業績責任がなく、このような経営リソースも与えられていないが管理職待遇の「部下なし管理職」が存在する。

中には、組織責任者である管理職よりも数が多いという企業も少なくない。企業規模が大きくなればなるほど、年功序列色が強い企業ほど管理職層に占める部下なし管理職の割合は高い。詳しくは拙著『部下なし管理職が生き残る51の方法』（東洋経済新報社刊）を参照していただきたい。

これまで「課長は大変だ」という話を展開してきたが、あくまで「課」という最小単位の組織の責任者である正課長のことを述べてきた。企業によって事情が異なることをお断りしながら、敢えて言うと、部下なし管理職は、見方によってはけっこう美味しいポジションと言える。

部下がいないので出来の悪い部下を指導しなくていい。権限はないが責任もないので気楽な立場だ。給与水準は組織責任者の管理職とそれほど変わらない（ただし、管理職扱いなので残業手当の対象とされていないことが多い）。

ということは自分に与えられた個人のミッションを果たすことに集中すればいいことになる。

だが、世の中にローリスク・ハイリターンの金融商品が存在しないように、楽で割の良い仕事などそうそうあるものではない。

責任者の管理職は様々なマネジメントタスクを抱え、役割・責任が重い割に給与は恵まれていない。

ところが部下なし管理職の多くは、基本給与が高い割に（特に部長級）やっている仕事は一般社員とさほど変わらないので、不採算人材になっている可能性がある。会社の業績が良くベースアップや賞与が前年より増えている時は、問題ないかもしれないが、業績が急変し、賞与カット程度では済まされない人件費削減が喫緊の課題となった時に、真っ先にリストラの対象になるのだ。

あなたの会社の業績はどうだろうか。２０１７年現在、失業率も３％前後で推移しており人手不足状態だが、オリンピック景気が終了するであろう２０２０年は非常に心もとない。

企業の人員構成上、バブル入社世代が50代に突入し、部下なし管理職が次のようなパターンで増えている。

ひとつは、何らかの理由で責任者から外れて部下なし課長になるパターンだ。それは組織の統廃合などによるポスト削減によるものかもしれないし、部下を潰してしまうパワハラ言動が原因かもしれない。

2つ目は、一般社員から部下なし課長への昇格だ。

日本の企業は真面目にコツコツと成果を積み上げてきた人材を昇格させていき、本来なら定員制のはずの管理職層まで登用する傾向があり、結果、ポストがないのに管理職級の人材だけが増えることになる。

3つ目は、役職定年制で責任者ポストを外れるパターンだ。大企業ほど導入率は高いが、年功的な会社が若返りを図るために、50歳を超えたころから後進に責任者ポストを自動的に譲る制度だ。この場合は、給与のカットも伴うので人件費的にはそれほど不採算とは言えないが、モチベーションが下がり、働かないおじさん問題が発生する余地がある。

このように部下なし管理職は、日本型雇用・人事システムが生み出したものだが、責任者ポジションは上に行くほど少なくなるのに、下からどんどん上がってくる。ゆえに管理職キャリアの行き着くところは（多分9割）、役員ではなく、部下なし管理職なのだ。

8 部下なし管理職が生き残る方法は3パターンしかない

部下なし管理職は、企業によって、個々人の役割によって社内や組織での位置づけや、重要度、採算性は違うので、ヤバい人（リストラ候補者）ばかりではないし、余人をもって代えがたい人もいる。

ただ、組織の責任者ではないので、単独で成果を上げなければならないが、会社業績に翻弄されずに生き残り続けられるのは、おおよそ次の3パターンだろう。

ひとつは実務担当者として、自身に与えられた業務で確実に成果を出し続けること。

事業環境が厳しい時代に成果を出し続けるのは大変だが、先に述べた管理職の評価スパンである3年間を見た場合に、期待値を下回る結果を続けていると厳しい。仮にも管理職扱いなので、一般社員よりも高い成果が求められるのは当然だが、評価はライン管理職と同じ目線で並べて評価される。

したがって、組織マネジメントの責任がある課長と比較されて、遜色のない個人成果が求められる。

会社によって評価のされ方は異なるが、営業系であればイメージとしては一般社員の1・5倍、プレーイング・マネージャー課長の個人成績部分の1・2倍の貢献度といったところだろうか。
スタッフ系であれば経験が活かせる専門知識を更新・高度化しておくことが絶対条件だ。法務や人事、経理、情報システムなど他社でも通用するような専門性を深め、「専門家」と言われる地位を確立しておきたい。

2つ目は、これまで積み上げてきた経験・専門性を持って、会社から与えられた特任業務を遂行すること。

組織にするほどのレベルではない特任業務であれば、部下は与えられないが、一定の責任と権限は与えられるはずだ。結果が良ければそのまま組織化（課に昇格）することもあり得る。

また、特任業務は責任者の正課長の配下（課員として）で遂行するよりも、部長や本部長などからの直轄の仕事が多い。テーマや状況によっては意外と課レベルの予算が与えられる可能性もある。

成果が出ればその仕事について社内でオンリーワンの地位が確立するので、あとは簡単に他人に引き継げないくらいに参入障壁を引き上げていく。

例えば、官公庁の仕事で入札制であるにもかかわらず毎回同じ会社が受注している場合などは、談合・癒着ではなくて、一度その仕事に取り組んだらその内容や特殊性などのレベルを上げていき、容易に競合他社に負けないようにしているはずだ。

外資系の会社は日系企業に比べて「簡単に首が切られる」という印象があるが、かなりシビアな外資系企業でも「**自分の仕事への参入障壁を高くして、引継ぎが困難な状況にしておくと、簡単にクビにできない**」というのは外資に勤める知人の話だ。

3つ目は正課長のサポート役になること。

責任者である正課長は多忙である。上からの突然かつ緊急の業務依頼に悩んでいると、これまた突然の部下からの顧客クレーム相談が入る。そうこうしているうちに次の会議の時間が迫っている。

こういう緊急業務に翻弄される毎日を過ごしていると、本来管理者としてやらなければならない部下育成や中期経営計画に合わせた課の計画策定などの重要業務が手薄になる。「最近の若い社員は育つのが遅い」と嘆く管理職の声があるが、そもそも手をかけていないのだからしかたがないところがある。

部下なし管理職は、そういった組織にとって重要なのは認識しているが、手がついていない業務を正課長に代わって担うべきなのだ。

正課長に比べて、多少でも余裕のある分、意外と課長より所属組織の強みや弱みなどを客観的に捉えることができる立場とも言えるし、課長の目の届かない若手の面倒を見ることは組織内でのプレゼンスの向上にもつながる。

また、部下育成について最終責任があるのは課長なので、その人のことを思った本音での指導もしやすい。相手も直接人事評価する人ではないので相談もしやすい。

不本意にも「部下なし管理職」となったら、正管理職への復活を夢見て、対抗するのではなく、これら3つの生き残り方を模索するスタンスが大切だ。

9 「退職勧奨」――選ばれるには理由がある

人件費は、次のように極めて簡単な計算式で成り立っている。

『人件費＝単価（1人当たり人件費）×人数』

なので会社業績が悪化して、人件費の削減をしなくてはいけなくなった時、単価を下げるか、人数を減らすかの2つのうちのどちらかの施策に絞られる。

私は人事コンサルタントとして、人事制度改定を通じた人件費の構造改革のご支援をしているが、制度改定でできるのは単価の改定くらいだ。社員の報酬を急に下げるわけにはいかないので、具体的な人件費縮減効果が確認できるのは何年も後のことになる。急を要して、かつ大きな効果があるのは「人数」を減らすこと。つまり「リストラ」である。

バブル崩壊後、失われた20年の間、企業は業績悪化をリストラで何とか凌いで利益を出してきたが、当初は経営危機に瀕する状態でやむなく人員削減を断行していた。

ところが現在は、業績が絶好調でも、事業の将来性を考えて「割増退職金」がたくさん出せるうちに希望退職を募るというケースが増えてきた。もはや人員削減施策は人事施策のオプションのひとつに過ぎなくなった。

リストラのターゲットは「中高年社員」というイメージが一般的だが、会社の目的はあくまでコストカットなので、稼ぎに対してコストの合わない不採算人材は誰かという発想が基本となる。

社内の人材データをソートすると、次のような条件に合致した属性の社員がターゲットとなる。

まずは、**「報酬が役割に対して高い」**ことだ。

基本的に給与・賞与が高い社員は、それに相応しい責任があるはずだが、日本型雇用システム運用過程でそのバランスが崩れている場合がある。

会社が厳しい経営状況になると、期待外れの人材をいつまでも責任のあるポジションに就けておけないのは当然で、役職を外したり、降格させるが、厳密にそのポジションの価値に応じた報酬にまで下げにくい。

結果的に給与は高止まりしたままで、役割や等級とのミスマッチが起きる。

次に、「**過去3年の人事評価が低い**」ことが挙げられる。

ビジネスのライフサイクルが短くなるにつれて「昇進」「昇格」は速まる傾向にあり、過去2年程度の人事評価を参考にして判断される。一方で、ダメ出しされる人材の見極めは3年程度である場合が多い。人事制度における等級の降格要件も極端な成績不良でなければ、3年間のパフォーマンスを確認するように設計されている。

仮に降格は免れていたとしても、たまたま会社業績の悪化で人員削減が必要となった際に、ちょうど過去3年の人事評価結果がよろしくないデータが抽出されれば、退職勧奨の候補者になる可能性が高くなる。


そして、「**年齢が高い**」ことも重要なポイントとなる。

年齢が高い社員が退職勧奨されやすいのは、結果的に報酬に相応しい役割を担っていない社員が多いからだが、どちらかと言うと「能力の伸び代が期待薄」という理由のほうが正しい。業績回復後の活躍、つまり賞味期限が近づいているということだ。

会社がリストラに踏み切るのは、多くの場合、一時的な人件費削減が目的なので、ひと段落ついたら、社員には業績のV字回復に向けて頑張ってもらわなければならない。将来活躍する確率および期間という点で、賞味期限が切れかけているような人ばかりが残るようでは困るのだ。

最後は、「**今退職しても生活に与えるダメージが少なそうな人**」だ。

子供を私立の中学・高校に通わせ教育費がかかっている人、親の介護などで実質的に転身活動できない人、住宅ローンなど多額の借金を抱えている人などが考えられるが、このような状況にいるのは中高年である確率が高い。

経済的に身軽な人、長期勤続の独身者がターゲットになりそうだ。背負うべき同居の家族がいない長期勤続者であれば、正規退職金に割増退職金が加われば結構な一時金が手に入ることになる。「このまま沈むかもしれない会社に骨を埋めるより、お金が出るうちに辞めたほうがいいかも」という考えに至る可能性が十分にあり、出て行ってもらいやすい。

10 リストラされない管理職が密かにやっている3つのこと

労働組合のある会社であれば、管理職としてダメ出しされたからといって、一般社員（組合員）に落とされることはない。会社としても仮にも経営側の立場にいて、課員に情報統制していた経営情報を知っている（価値があるかどうかは別だが）管理職を組合員に戻したくない。

労組としても卒業して経営サイドに行ってしまった大先輩に戻ってきてもらっても困る。とっくの昔に卒業した先輩が、部活動やイベントに頻繁に顔を出して現役学生に発破をかけられたら幹部はやりにくくてしょうがないのと同じ話だ。

とりあえず責任者ポストから外されたから当面は「部下なし管理職」として生きていくしかない。呼称はどうであれ「管理職層」に格付けられているうちは、復活の可能性はある。しかし、外されたからといって腐ってスネている時間はない。敗者復活または非常時でもリストラされない管理職の言動は次のようなものだ。

ひとつは、**若手の新任課長の「後見人」としてフォローすること**だ。

新たに管理職登用される人材は、経験値は少ないが、会社から将来性やポテンシャルを買われて組織の長として着任する。

ただし、この時点での会社の新任管理職に対する期待は「過剰」であることが多い。第2章の4『「これまでの仕事の進め方が評価されない」新任管理職を襲う5つの苦悩』で述べたように、マイナス環境からのスタートとなる。にもかかわらず部下指導、組織運営、部門間調整など未経験の業務でも、いきなり一人前の管理職として扱われてもこなせるものではない。

ここで元責任者が気をつけないといけないのは、心細い状況で着任した新任課長に対して、失点を願って「お手並み拝見」というスタンスにならないことだ。経営が期待しているのは新課長であって、元責任者ではない。

サポートは期待しているが小さな組織内で張り合って無駄な労力を使ってもらいたくない。元責任者の立場が悪くなるだけだ。後見人になったつもりで新任課長の足りないところを補完できれば最強の組織が実現し、あなたの敗者復活人事に期待が持てる。新課長と張り合っても百害あっても一利すらない。

2つ目は、**「自分が正課長だったらどう判断するか」という視点**で考える習慣を維持していることだ。

試合開始時イチローは先発出場でなかったとしても、いつもいつ起用されてもいいように準備ができている。残念ながらビジネスの世界ではプロ野球のように、「代打」や「代走」「守備固め」という役割はないが、シーズン途中登板や次年度以降の組織図のスターティング・メンバーとして責任者に選ばれる可能性はある。

一般社員と同じような働きぶりで、給与だけ高いという状況が続いて油断していると、会社業績にかかわらずリストラ候補の筆頭になる。

敗者復活している人は決して運ではない。**自身のマネジメント感覚が鈍らないような努力をしている人**だ。

加えて人事部もできれば「敗者復活人事」をしたいと思っている。そういう人事ができれば、大多数の6割の標準評価社員の励みになると信じている。人事部を味方につけるのは難しいことではない。

3つ目は、**姿勢は謙虚だが、視座を高く保つこと**だ。

謙虚な人とは、自身の立ち位置を冷静に受け止め、自らのミッションに真摯に取り組んでいる人だ。

そういう人は、いい意味でプライドを持って仕事をしており、顧客志向だ。ここで言う顧客とは、お客様はもちろんのこと、取引先、外注先、他部門、上司、部下、同僚等々自身が価値を提供する相手を言うが、自分の都合だけでなく相手のことを理解した上で仕事を進めている人だ。

人間関係の構築においても〝GIVE&TAKE〟という貸し借り的な関係ではなく、〝WIN-WIN関係〟を築こうとする姿勢と言える。

そして併せて持ちたいのが「視座を高く保つ」ことだ。

昔の管理職は「**1つあるいは2つ上のポジションになったつもりで仕事をしろ！**」と部下に指導していたし、時代が変わっても「不変の出世の法則」なので、いまでも管理職研修のまとめの言葉で使われている。

ただ、実践している人はごく少数で、その姿勢で仕事をしている人は6年以内に部長に昇進している。

経営者は常に管理職が出した「結果」を見ているが、経営の人事案に進言できる人事部は「言動」を見ていることを忘れてはならない。

第4章
部下に残業をさせない課長が密かにやっていること

1 なぜ課長は部下に仕事を任せられないのか

「残業代がつかない（労働コストが上がらない）管理職が部下の分をやればいい」という発想が課長の長時間労働につながっているのは間違いない。

では、どうして課長は部下に仕事を割り振れないのだろうか。多くの管理職へのインタビューを通じて次のような7つの罠にはまっている課長の存在が分かってきた。

ひとつ目は、**「部下に仕事を依頼するのに手間暇がかかる」**ということ。だから自分がしたほうが早いという短絡思考になることだ。

これは初級課長にありがちなパターンでもある。

第2章で、新任課長はいきなりプレーイング・マネージャーの役割をベテラン課長と同様のレベルで求められるだけでなく、新任者特有の5つの悩みを抱えると言った。余裕がないのだ。

そこに、昨今の「部下に残業させるな！」という上司からの圧力が加われば、あれやこれやと方策を考える前に、**「自分がやったほうが確実に早くできる」と安易に考えてしまうのも無理はない。この思考パターンに陥らないように我慢できるかがポイント**となる。

2つ目は、「**部下が忙しそうで、これ以上任せられない**」というマインドだ。

こう考えがちな課長は周囲から、「人はいいが、パフォーマンスがいまいち」という評価をされていることが多い。組織に生意気な部下がいれば舐められて、本来部下がするような仕事もやる羽目になることがある。

自己犠牲的な発想には同情するが、決して部下から尊敬はされないし、信用はされても信頼されない。第3章でリーダーシップとは「責任・権限が無くても人を動かす力」と説明したが、「いい人」だとリーダーシップが発揮できない。自分の部下にさえも言いたいこと、言うべきことが言えない課長が、上司や他部門、顧客に自己主張できるだろうか。部下は強い人に意見できる人を求めているのだ。

「セクハラ」、「パワハラ」、「メンタルヘルス」、「ダイバーシティマネジメント」等々、毎年のように人材マネジメントで新しいテーマが登場するが、**部下に配慮し過ぎる課長はいずれ自分が潰れてしまう**。

3つ目は、「**自分のほうが経験豊富だから、いい仕事ができる**」と考えてしまうことだ。

その発想に全く異論はないが、課長に求められているのは自身が担当している仕事の品質向上ではなく、統括する組織全体の業務品質と効率化だ。

仮に自身の仕事の質が落ちても、組織全体の質が上がればOKだと考えなければ、組織の労働生産性はいつまで経っても上がらない。

4つ目は、「**部下に任せると失敗するのではないか**」という懸念だ。

確かに他人に任せると失敗する確率は高まるに違いないが、リスクを負いたくないという考えを持っているうちは高い成果は期待できない。リスクを取らずに出世している管理職などは見たことがないし、責任者ポストを外れた瞬間にリストラのリストに掲載される確率が高くなるだけだ。

5つ目は、「**フォローが面倒くさい**」というマインドだ。

一言でいうと「面倒見の悪い」上司だが、バブル入社組によく見られるパターンだ。低いハードルで入社したので他の世代と比較して資質が劣るなどと言われたが、入社年次によって異なる採用時の資質より入社後の経験値のほうが遥かに重要なのは間違いない。彼らはバブル崩壊によって、企業が採用を控えた結果、長い間、後輩が配属されず、結構な年齢になるまで、下っ端扱いで実務キャリアを積んできたという経緯がある。よって後輩を指導するという経験をほとんど積まずに課長になったために、いきなり「部下育成しろ」、「フォローしろ」と言われて戸惑ったとしても不思議ではない。

6つ目は、「**その仕事が得意（好き）で放したくない**」というものだ。

ビジネスパーソンにとって得意な仕事は本能的に放したくないという反応をする。常にチャレンジングな仕事を求めている人は別だが、大多数の人は自身の強みを伸ばそうとする。管理職になる手前の人であれば、専門家と言われるほどの業務知識・経験値があるのが普通だし、これを部下に委譲するのに躊躇するのも無理はない。自信を持っている専門性を維持・更新したいからだ。事実、課長になって昇進して以来、実務に疎《うと》くなった部長が、役職定年でライン管理職を外れて、昔やっていた仕事に戻ったが使い物にならないという話はよくある話だ。

だが課長になって、組織の責任者となったら、積極的に部下に仕事を委譲しなければならない。最初に考えるべきことは、部下に残業させないことではなくて、個人の労働生産性向上ノウハウを伝えることだ。

2 部下の残業をなくす3つの基本課題

長時間労働になってしまう具体的理由を第2章で述べたが、課長の采配で何とかなることもあるので、まずは次のような3つの基本課題に取りかかっていただきたい。

ひとつ目の課題は、「労働生産性の改善」だが、**基本は仕事の配分見直し・仕事の仕方の指導を強化すること**だ。

第2章では「仕事の絶対量が多い」、「無駄な仕事が多い」、「本人のスキル不足・要領の悪さ」、「無駄に時間を過ごす」という問題を挙げたが、課長の責任・権限の範囲でできることは、部下への役割や配分を見直すことと、仕事の仕方をしっかりと指導することだ。ただ、課長が見過ごしがちな過ちとして、部下たちの現時点の能力に合わせた仕事の割り振りを考えてしまうことが挙げられる。

業務環境の変化に応じて求められる能力も変わり、若い時は優秀だったが、今はただの人という中高年も多い。時代に取り残されつつあるとしても、その人たちの報酬が高いのは事実だ。

組織内の公平性の観点からすると、各人が格付けられている「等級」のレベルに基づいて仕事の配分ができないかとまずは考える必要がある。

「等級」は基本的に会社が公式に認めた実力を意味しており、報酬水準の根拠でもある。報酬の高さに応じた成果、タスクを担っていただくのがあるべき姿だ。これをきちんと本人に伝えた上で、次に考えるのが「能力のバラツキ」、「当人が置かれた環境の考慮」という順番が正しい。

「今の能力が低いし、言ってもしょうがない」として、高い報酬の人を甘やかしてしまうと、その人は本当に現状に甘んじることになり、結局他の社員からの不公平感を煽ることになってしまう。

これが高じると、「あの程度でも許されるのか。それなら私もそれなりに…」と考える集団になりかねない。職場の〝不公平管理〟は課長の重要な仕事である。

2つ目の課題は、「意識の問題」だ。**部下たちの意識や行動の変革を促す**ことだ。

第2章では「付き合い残業」、「残業を前提とした働き方」、「生活残業」を挙げた。付き合い残業は新入社員時代に「大変そうな人がいたら率先して手伝え！」という教育から始まっている。メンバーシップ型雇用の良いところではあるが、これは課長自らが自分の仕事が終われば（終わってなくても）率先して、退社する姿勢を見せなければならない。

部下は基本的に自分の「努力」を上司に認めてもらいたいと考えている。その際、上司の目に見える努力は「上司より遅くまで働いている」ことだ。特に、夜遅くまで残業している時に、仕事の一部を依頼できる部下がいると救われた気持ちになる。それを望んでいるわけではなくても、そういう状況を察知する感性のある者が評価されることを部下も知っている。

「生活残業」は必ずしも悪いとは思わないのだが、生産性の良い人と、悪い人という二極化の傾向があるので、見極めが必要だ。前者は、その人の個人的な家庭の事情もあるのだろうと思うし、何より「稼がなくてはならない」というマインドの人は総じて生産性が高いので、積極的に残業してもらっていいと思う。問題は後者だが、これはダラダラ残業なのかどうかの見極めをしなくてはならないが、多くの企業では「**残業の事前申請制度**」を取り入れている。

今の話の続きでもあるが、3つ目は、課長の「**マネジメントの問題**」だ。

そもそも労働基準法では、「残業」は違法行為なのだ。それでは仕事が終わらないことがあるので事業所単位で「三六協定」を労基署に提出することによって、法違反を免れている。

就業規則では残業は業務命令とされているはずなので、上司の指示がないと残業できない建前となっている。先に「残業事前申請制度」と書いたが、本当は制度ではなく、課長の労務管理が機能していないと残業の「事後承諾」が当たり前となってしまう。

部下からの残業申請があったら、面倒でも上司がその都度必要性を判断するというステップを踏むことで何%かの残業削減につながる。

部下の残業を封じ込める3つの基本課題としたが、これは多くの企業がすでに実施している一次的な対応に過ぎない。ここからもう少し踏み込んだ施策を展開していきたい。

3 部下に残業させないで生産性を維持している課長が密かにやっていること

部下に残業させないで高い生産性を維持している組織がある。もちろんその分を課長が引き受けているわけではない。アンケートやインタビューから確認できた事例をご紹介したい。すべてをやっているわけではないが、参考にしていただけることはあると思う。

ひとつめは、「**部下に習い事をさせている**」ことだ。

ある企業で「長時間労働が恒常化している」と労働組合から指摘があり、課単位での労働時間実態調査に乗り出した。全体的には営業系、企画系の職種の社員の労働時間が長かったのだが、一人当たりの平均残業時間が少ない部署にインタビューをすると、会社帰りに習い事をしている人の割合が多いという傾向が見られた。

習い事は多種多様で、年に2回必ず行っている海外旅行のために英会話教室に通っている人、初心者クラスに女子が多いと聞いてテニススクールに通い始めた若い男子、身体を鍛えようとジムに通っている人、大学院で心理学を学んでいる人、資格試験を目指している人等々。

通っているのは週に1回か2回程度だが、少なくともスクーリングの日は定時に会社を出たいので、1日中集中して業務をこなしている。そしてどんなスクールでも通っているときだけ勉強してもなかなか身につかない。そこで、予習や復習をしなければならないので、だんだん他の曜日も定時で帰られるような仕事のスタイルに変わっていった。動機が多少不純なものもあるが、とにかく終業後の楽しみのために仕事は早く処理しようという発想だ。

このことをレポーティングしたら、早速、定時退社後の課外活動を奨励する組織がいくつか現れ、それらの組織は平均で残業時間が20％以上削減できたとの報告が寄せられた。

2つ目は、**「時間の費用対効果を考えさせている」**組織だ。

その組織の責任者は「労働時間を有意義なものにしろ！」が口癖で、前職の社長がこういうことを言っていて自分も部下に話しているという。

「世の中は不公平なことばかりだが、時間だけは1日24時間だれにでも平等に与えられている。そのうち寝食や通勤など生活に必要な時間を除いたらほとんどが労働時間だ。

人生の大半は労働時間でできていると言っても過言ではない。自分の人生のほとんどを労働に使っているのだから、その時間を苦役にしてはいけない。また良い結果が出ないと喜べないようでは、使った時間の費用対効果が悪すぎる。〝楽しい人生〟があるのではなくて、〝人生を楽しもう〟とするのかどうか、考え方の問題だ」と。

残念ながらその社長はもう亡くなられたようだが、一度お会いしてじっくりお話を聞きたいと思った。

もうひとつ、「**部下にオーバースペックな仕事をさせていない**」という例を紹介しよう。その管理職は、部下とのやり取りを統一したフォーマット（「仕事の仕様書」と言っていた）で行っている。

部下に指示する仕事が丸1日以上かかる仕事であれば、「仕事の目的（Ｗｈｙ）」、「仕事の内容（Ｗｈａｔ）」、「納期／スケジュール（Ｗｈｅｎ）」、「関係する事項／人／部署（Ｗｈｏ）」、「場所（Ｗｈｅｒｅ）」、「やり方（Ｈｏｗ）」が記載できる**シート**を使ってコミュニケーションを取っていた。

上司が指示を出すときに、５Ｗ１Ｈすべて埋まっていなくてもいい。３Ｗしか書いてなかったとしても、シートを貰った部下が「こういうやり方（Ｈｏｗ）で進めようと思います」と空欄を埋めて、確認をして仕事に取りかかる。

この手法は、上司と部下の間で仕事の品質を事前に確認できるので、手戻りが発生しにくいということだけでなく、無駄なタスクを発生させないのに役立つ。

「部下は上司に評価されようとして、依頼された以上の仕事をしようとします。私もそうでしたが、多くの仕事は上司の依頼通りにできればいいのに、必要かどうか分からない所までやろうとする傾向があります。でもそのほんの少しの付加価値を出そうとして、倍の時間がかかってしまいます。試験で90点取れば優秀なのに、95点を取ろうとする行為です。これでは組織の生産性は上がらないと一般社員時代に問題意識を持っていたので、課長になってからはこのやり方でマネジメントしています」

終身雇用企業の仕事のオーバースペック思考を解消しなければ、長時間労働は解消されないと思った。

4 部下に連続9日休暇を取らせて、残業を25％削減させる

「あなたは部下に、年末年始、ゴールデンウィーク、お盆休み以外で連続9日間の休暇を取らせたことがありますか？」

この質問にハイと答えたことのある読者がいれば、続けてもう一つ質問したい。

「その後、組織の生産性は改善されましたか？」

その組織は、課長を含め7人のメンバーで、繁忙期を除いて「土日を含めた連続する9日間の休み」を一人ずつ順番に取らせて、結果的に組織の一人当たり平均残業時間を25％削減することができた。

これは部下の一人Aさんが「海外で行うイベントにどうしても参加したいので、1週間休ませてほしい」という有給休暇申請の打診から始まった。

この会社は競合他社との厳しいサービス競争の激化で、全社的に長時間労働が当たり前という組織風土となっていた。ノー残業デーなどの早帰り促進や、勤怠システムの導入による労働時間管理の徹底など、長時間労働の是正を試みてはいたが、目立った成果は出ていなかった。

いい機会だと考えた課長は「君が9日連続（平日は5日）で休んでも組織が回るような段取りをしてほしい」と伝えた。Aさんは有給申請の打診から1カ月近くの期間があったので、忙しい仕事の合間に担当業務の進め方や段取り、困った時の問い合わせ先などをマニュアル化した。また仕事上、関係する他部署の担当者にも、案件によって誰に問い合わせすればよいかなどの資料を整備した。

こうして有給休暇を取る前日までの間、精力的に実務と引継ぎのためのマニュアル作りをこなしたAさんの生産性・集中力はかなり高かったという。

課長は、兼ねてからメンバー一人ひとりがいくつもの仕事を担当することをできる「多能工化」が必要だと感じていたので、これを機に他のメンバーにも繁忙期間を除いて、9日間連続休暇を取らせることにした。

全員が休暇を取るまで都合6カ月かかったが、Aさんの引継ぎスタイルを参考に、各人が自身の業務のマニュアル化を図ったことで、いつだれが休暇に入っても、他のメンバーが一定のレベルで業務を引き受ける、または分担できる体制が整った。

それだけではない。思わぬ副産物もあった。

休暇中のメンバーが作成したマニュアルはあくまで本人がこれまでやっていた方法をドキュメントに落とし込んだものだが、**実際に他のメンバーが代行してやってみると、いろ**

いろ不具合や重複、やりにくさなど非効率な進め方も発見された。

そこで休暇から帰ってきたら、引き継いだメンバーからやってみた感想や改善点などをフィードバックすることを基本ルールにした。

これは職場全体の業務改善につながった。休暇を取る前に自身の「仕事の見える化」を図り、休暇から帰ってきたら、自動的に「業務改善のポイント」が明確になっていたのだ。

数字の上では、月間の一人当たりの平均残業時間は25％程度の減少に留まったが、その間に新たな別の業務が発生しており、実質的にはかなりの効率化が進んだと思われる。

当初は有給休暇どころか、休日出勤の代休さえ満足に取れなかった組織が、半年がかりで取り組んだ「輪番の9日間連続休暇」で組織全体の効率化・業務改善が進んだ。

当然、他の組織にも展開することとなり、会社全体の労働生産性の向上につながったのだが、今振り返って考えてみて、ひとつ残念に思うのは、業務の効率化が図れた分を社員の長時間労働の是正に使われたというよりは、受注増への対応やサービスレベルの向上に充てられたということだ。

5 自分の仕事に集中する時間を確保している

課長になると、なかなか集中して仕事ができない。

部下から業務報告を受け、他のメンバーに連絡のメールを打っていると、別の部下から「相談があります」というので会議室を押さえる。打合せが終わると、部長から急な資料作りを命ぜられる。「今日は終日、オフィスにいる予定だったので、内勤業務を集中してやろう」と思っていたのになかなか手が付けられない。結局、今日やろうとしていたことに手を付けられるのは、外部からの連絡が入らなくなった18時以降になってしまった。

部下に残業させない、自身も残業しない課長は、部下や上司、顧客に翻弄されないような手を打っている。

例えば、自分が集中して作業したいときは、社内イントラのスケジュール表には、会議室を予約して、そこで実務をこなしている（誰かとの打合せを装っていることもある）。

課長の自席に座っていると、忙しそうにしていても、見えるところにいるだけで部下や上司は声をかけやすい。役員室のドアをノックするのに勇気がいるように、会議室に籠っている課長をわざわざ訪ねていかないといけない状況を作り出し、安易に声をかけられないような体制にしている。

課長が容易に捕まらないとなると、部下や上司は課長のスケジュールを確認する習慣がつき、次第に課長が空いている時間のタイミングを見計らって報告・連絡・相談をするようになってくる。こちらの時間が乱されないように彼らを学習させる必要があるのだ。

ただし、この集中時間は1回あたり2時間が限度だ。それ以上になってくると、急ぎで決済を仰ぎたい部下など、緊急度の高い案件の処理が滞る可能性が出てくる。

この集中2時間は1日2回（計4時間）取ることができれば、あなたの労働生産性は格段に上がるはずだ。

そして、この2時間を確実に確保するためにやらなければならないことがひとつある。**集中時間を乱す要因を予め潰しておく**ことだ。

部下からの相談や顧客や関係部署との連絡、上司への相談（これは難しい）は集中2時間の前に済ませておくか、2時間後にまとめてやると割り切る必要がある。

「いつでも私の携帯電話にかけてください。必ず10分以内に返信します」という過剰サービスは、もう誰に対してもやめにしないといけない。

このフレーズが有効なのは、外部から連絡が入らないことを確信している優秀な営業マンか、仕事が取れなくて時間を持て余している営業マンくらいなものだ。あるいは社内で便利屋としていいように使われているうだつの上がらないオジサンだ。

上司や顧客（部下も）からすると、すぐに電話がつながる課長は、使い勝手がいいので安易に利用しようとする。だが、自分の時間効率が乱されるほとんどの要因は、彼らからの日常的な業務依頼と報連相だ。

社内で最も忙しい課長がリップサービスであったとしても「いつでも連絡してきていいよ」と言ったとたんに、問い合わせが殺到して自分にとっての重要案件がこなせなくなる。

結果的にこういう人は八方美人で、いつもバタバタと忙しそうにしているが、「できる課長」とは思われないということを理解しないといけない。

6 部下が仕事に集中できる環境を整えている

課長自身が集中する時間を確保するのは、自分の労働生産性を向上させることが目的だが、結果的にそのことが部下の労働生産性を阻害している可能性もある。

仕事に集中させてくれない3大要因は「上司」、「部下（後輩）」、「顧客（関係部署）」だが、あなたが上司の指示に振り回されているのと同様に、部下もあなたという上司に振り回されている。

新任課長研修では、「自分で仕事を抱えないで、もっと部下に仕事を割り振りましょう」と学習するが、部下の状況を考えずに思いつきで仕事を投げるような上司は、組織全体の生産性を悪化させる元凶となっている。

前項では、課長自身が仕事に集中する時間を取ろうと紹介したが、同じことを部下にも統一的に展開することで組織全体の生産性が向上する。

つまり自組織内で**集中する時間と報連相や雑用をする時間を決めてしまう**のだ。

例えば始業時間が9時であれば、9時から9時半までを「雑用の時間」、9時半から11時半までを「集中する時間」、11時半から12時をまた「雑用の時間」と決めたとする。

雑用の時間は、上司・顧客への報告、関係部門への連絡、簡単な相談事などを処理する時間帯とする。

顧客対応が難しいという声が聞こえてきそうだが、電話がかかってきそうな状況があれば、この時間にこちらから先手を打って先に連絡してしまえばいい。

また集中時間帯に連絡が入っても、携帯電話をオフにしておくか、固定電話の外線なら居留守を使って、折り返し連絡する旨を秘書に伝えてもらえばいい。いくらモバイル時代になったからと言って、常識的な人であれば、即レスしないことを理由に怒り出す人などいない。

2時間集中できれば処理できる仕事なのに顧客や上司などから次々と問い合わせが入り、結局丸1日かかることがある。

集中してやろうとする仕事は間違いなく、集中力が必要になるのだ。たとえ顧客からの問い合わせ対応を15分で処理したとしても、また仕事の集中力を取り戻すのに時間がかかる。そんなときに上司から話しかけられたり、後輩からの相談だったり、繰り返し入ってくる邪魔によって、また初めからやり直さなければならない。

「あ〜あ、今日は仕事にならないなあ」と気分転換にたばこ部屋に行くと、そこで総務課長に会って立ち話をするかもしれない。

ホワイトカラー職場では、思考の中断は労働生産性に与える影響が大きい。

この環境を整えることができれば、部下が仕事に集中できるだけでなく、メンバーがお互い定められた「雑用の時間」に報連相のタイミングを計って、自身の仕事の段取りを考えるようになるので、個人レベルに留まらず、組織全体の労働生産性の改善につながる。


また、先に紹介した「部下にオーバースペックな仕事をさせない」ために5W1Hを明確にする「仕事の仕様書」を作成し、組織内で統一的に活用する。

製造現場では当たり前のことだが、事務系、営業系、企画系の社員には仕事の過剰品質を抑えるのが難しい。納期は明確だが品質基準（アウトプットの出来栄え）が不明確のまま作業に取りかかるのが一般的だからだ。

依頼された業務には必ず納期が設定される。その納期に向かって仕事を進めることになるが、どういうレベルのアウトプットを求めているかについて上司は明確にしないし、部下も細かく確認しないまま作業に入る。

納期意識だけは強いので迷走しながらでも依頼者の状況や背景などを考慮して、なんとか締め切りに間に合うように辻褄は合わせる。

やっつけ仕事ばかりやっている人は、出てきたアウトプットの質がいまひとつのためにやり直しを命ぜられ、時間を無駄に使ってしまう。

優秀な人は、依頼業務の内容だけでは、提出した際の上司の質問に耐えられないので、手持ち資料の想定問答集を編纂するため、これまた多くの時間がかかってしまう。

こういうワークスタイルを改革していかないと、いつまで経っても組織の労働生産性は改善されない。

5W1Hを明確にした仕事の仕様書を作成し、組織のメンバー全員がそれを使ったコミュニケーションを進め、終わった仕様書をファイリングすれば、仕事の効率化事例集ができあがる。

7 部下は「2：6：2の法則」に基づいて指導する

「2：6：2の法則」をご存じだろうか？

本来は働きアリの生態のことで、アリの集団は「よく働いているアリ」、「普通に働いているアリ」、「サボっているアリ」の割合が、2：6：2になるという。

そしてよく働くアリだけ集めてみたら、その集団の中でも同様の比率で、働きアリ、普通アリ、サボリアリになる。さらにサボっているアリだけの集団を作ると、その中でも同様の比率で働きアリ、普通アリ、サボリアリになるという。

この法則を会社組織に当てはめて例えられ、優秀で実績・生産性が高く積極的な人材が2割、上位にも下位にも属さない標準的な人材が6割、実績・生産性が低くあまり積極的に行動しない人材が2割の比率になるという。

人事コンサルタントを長年してきて、この比率はなるほどと思うことがあるが、上位の優秀層だけ集めたり、下位のお荷物層だけの集団にしたからと言ってアリと同じように2-6-2には分かれることはない。

アリの集団では、下位2割のサボリアリは、働きアリが疲れた時に代わって頑張れるように体力を温存しているのであって、ぬるま湯の雇用慣行に慣れてしまってリストラになるまで気が付かないローパフォーマー社員とは全く違う。

比率はさておいて、やはり課レベルのマネジメントをしていると、「優秀」な部下、「普通」の部下、「もうちょっと頑張ってくれよ」という部下の3階層で構成されている組織は多いと思うが、各層ごとのマネジメントは同じではない。


まず、上位2割の優秀層だが、彼ら・彼女らに対して課長は時間をかけて指導・支援する必要はあまりない。自主的に、積極的に自身や組織の課題に取り組んでいくタイプなので、よりよい経験が積める「チャンス」を与える機会を伺うことに課長は専念したい。

上司からすると、優秀な部下は放したくないと思うし、出来ればずっと自分の組織に置いておきたい衝動に駆られる。いわゆる「囲い込み」が起きる可能性がある。

だが、事業の統括部長や筆頭部長など大きな人事権を持っている経営幹部ならまだしも、課長レベルで囲い込みなどしようものなら、途端に人事部に目を付けられると思っておいたほうがいい。会社は常にいい人材がいれば「抜擢して、試したい」と考えている。囲い込み疑惑がある課長に内申書でいい点数は絶対につかない。むしろ「いい人材を育てた」という評判にしたいくらいだ。


多数派6割の標準層は、会社方針や上司の言動、人事諸制度などの会社施策の影響を受

けやすいので、この層にはしっかりとした人材マネジメントが必要となる。

真面目な課長は毎年「部下にどういう評価をつけようか」と頭を抱えているが、決してやさしい問題ではない。自己主張が強いか謙虚かという表面上の違いはあっても、人は誰しも本当の実力の2割高の自己評価だと思っておいたほうがいい。人事評価は「客観性」よりも「本人の納得性」が重要だと言われるように、上司の指導や支援でどういう関わり方をするのかで部下のモチベーションやパフォーマンスが変わってくる。

また、この層は自身の評価ばかりでなく、他人の評価や自分の組織内での位置づけにも敏感だ。お互いに仲が良くない組織だと「私はAさんより出来がいいと思うが、なぜ同じ評価なのか」と普通に考えてしまうので不公平感が蔓延しやすい。

下位2割の「もうちょっと頑張ってくれよ」層については、どういう対応をしているだろうか。

能力の問題か、マインドの問題か、人間関係なのか、はたまたプライベートが上手くいっていないのか、課題は人それぞれだと考えられるが、彼らをやる気にさせ、パフォーマンスの向上を図ろうとするなら、課長には膨大な時間と労力が必要となる。

正直なところ、あまり時間をかけたくないのだが、この層には伝えなければならない共通のことが一つだけある。

「危機感」である。

会社や組織の危機の共有ではない、自分自身に対する「危機感」だ。

下位層が定位置になりつつある人の多くは、メンタル不全に陥っている人を除いて、努力不足の自分を甘やかしているばかりか、低成績が続くと、組織や会社からお払い箱にされるリスクを感じていない。というより考えないようにしている。

「会社にしがみつく」という言葉はネガティブな意味合いで使われることが多いが、しがみつくのは危機感がある証拠だから、上昇の見込みがある。だが「ぶら下がり」となるともはや危機感ゼロである。アリの法則のようにまさかの時のために力を温存しているのでは決してない。

パワハラにならないように気をつけたいが、**冷静に、論理的に、淡々と、「あなたのことを思って」、このままではいけないことを伝えることなしに、パフォーマンスの向上は望めない。**

第5章 残業しない課長の生産性を上げる時間マネジメント術！

1 残業しない課長は部下育成に時間をかけない

自身の労働時間が他の課長と比べて短いにもかかわらず、組織の成果を上げ続けている課長に意外な共通の点がある。

部下育成にあまり多くの時間をかけていなかったのだ。

プレーング・マネージャーである自身の個人成績を上げることに特化して、部下の面倒を見ないのではない。そもそもそんなやり方をしていて、組織全体の成果を上げ続けることなどできるはずがない。

管理職研修の受講者に、「部下育成に時間を費やしていますか？」と聞いても、多くの業務を抱えている課長は、大事だとは思いながらも部下育成に時間が割けないと言う。だが、限られた少ない時間を有効に使ってでも部下の育成をしなければ組織の労働生産性は上がらないのも事実である。

自身の労働時間をより多く投入して、なんとか成果を出そうとする9割の課長の考えとは真逆の発想だが、何をしているのだろうか。

「部下の強みだけにフォーカスしていた」のだ。

実際に組織業績のいい課長にインタビューしてみると、こんな回答が返ってきた。
「時間が足りないので、部下育成は十分できないのですが、一人ひとりの部下の強みは何かについてだけは考えます。そしてその強みをこの組織のタスクの中でどう活かそうかと常々思いを巡らせています」

さらに「正直、指示したことがなかなかできなくて、何とかしようと自分も頑張って指導し、本人も努力しましたが、苦手なものを克服させるのには自分(課長)の時間が足りなすぎることに気づきました」という。

つまり自身の労働時間の有効活用を考えると、部下育成という組織長にとって大事な仕事と言えども生産性の悪いことに時間を費やしている暇など無いというわけだ。

これは、『最高のリーダー、マネジャーがいつも考えているたった一つのこと』(マーカス・バッキンガム著、日本経済新聞社刊)という著書でも「優秀なマネジャーは部下の強み・成功だけにフォーカスしている。弱みは無視していい」という趣旨のことが書かれており、全米2万人のマネジャー、リーダーの立場の方々にインタビューした結果だとしている。

確かに自分でも苦手なことに取り組むのには、余程の高いモチベーションがないと努力が続かないし、理解してできるようになるまで相当の時間を要する。ましてやそれを他人である上司の指導力で押し上げようとするなら大変な労力となる。

ところが、部下の強みにフォーカスするとは、こちらの教える時間を削減できるだけでなく、ちょっとした指示の出し方やヒントを与えるだけで、勝手に、それも質の高い仕事が期待できる。得意なことをやるので、モチベーションや努力が長続きしやすい。

多くの管理職の方々と話をしていて思うのだが、「人を育てるのには時間がかかるものだ」という思い込みを持つ傾向が強いようだ。

実際、管理職研修の最後の時間は、研修内容を踏まえて、明日から行うアクションプランを設定し、グループ検討した仲間に対して個々人が発表して終了するようにしているが、たいていはこんな宣言をしている。

「これまで部下育成にあまり時間をかけてこなかったので、これからはきちっと時間を確保して指導します」

5人に1人くらいの割合でこういう話で終わるが、その後のフォロー研修などで追跡調査をしても、8割以上の方は「できていない」と答える。

時間を確保するつもりであっても、「指導に時間がかかるもの」、「時間をかけないと良い指導ができない」という思い込みがあると、時間が十分取れない状況になった途端に育成モチベーションが下がってしまうようだ。

限りなく時間を使ってしまいがちな課長は、「限られた時間内で部下指導をする」ことにフォーカスすることから始めてはどうだろうか。

2 管理職は労働時間を削減したいと思っていない

管理職は残業手当が出ないので、仕事を早く終わらせて定時に退社できれば労力(労働時間)対効果(給与)が抜群なのだが、そのような課長は超優秀な人かリストラ直前の人くらいかもしれない。

そもそも課長は自分が定時に退社するという概念を持っていないので、労働時間問題は遅々として進まない。その概念を改めるところからスタートしなければならないが、主に次のような3つの思考にとらわれている。

まず第一に、**『現場の管理職が、自身や部下の労働時間を削減する、という意識が低い』**。これまで述べてきたように、こうした意識を持ちたくても持てないといったほうが正しいだろうか。

組織全体の労働時間削減のキーパーソンは、当然現場の最前線の管理職である。だが、これまで組織の業績目標達成という最優先事項の前において、すべてのタスクはその手段に過ぎなかった。

年々厳しくなる競合他社との戦い、それに合わせるかのようにエスカレートする顧客の要求水準。

「生産性を高めよ」と言えば聞こえはいいが、具体的な生産性向上の施策に手が付けられていない状況にもかかわらず、高い目標をクリアしなければならない。

多くの現場管理職は労働量の投入でなんとか凌ごうと考える。

労働量の投入とは言ったが、よほどのことがない限り、人員増員は見込めない。一人ひとりの労働時間増で対応せざるを得ない。ギリギリの戦いを強いられている時に、

「残業させるな！」

という上層部からの指示か、示唆か、強制か、任意か分からない発言に、

「はあ？　あんたら分かってるの？」

と言いたくなるのを抑えているのが現状ではなかろうか。

２つ目は、**『「今ある仕事を持ち時間枠に当てはめる」という考え方では、もはや大量の業務を当てはまり切らない』**という現実である。

当たり前だが個々の社員の労働時間が限られるとすれば、手持ちの仕事に優先順位をつけて当てはめていくという発想が求められるが、クライアントの管理職と意見交換をしていると、「もはや限界を超えている」という現場の悲鳴が少なくない。

タイムマネジメント研修の定番で、図表⑤のように縦軸に「仕事の重要度」、横軸に「仕

図表⑤ 「今ある仕事を持ち時間枠に当てはめる」では難しい

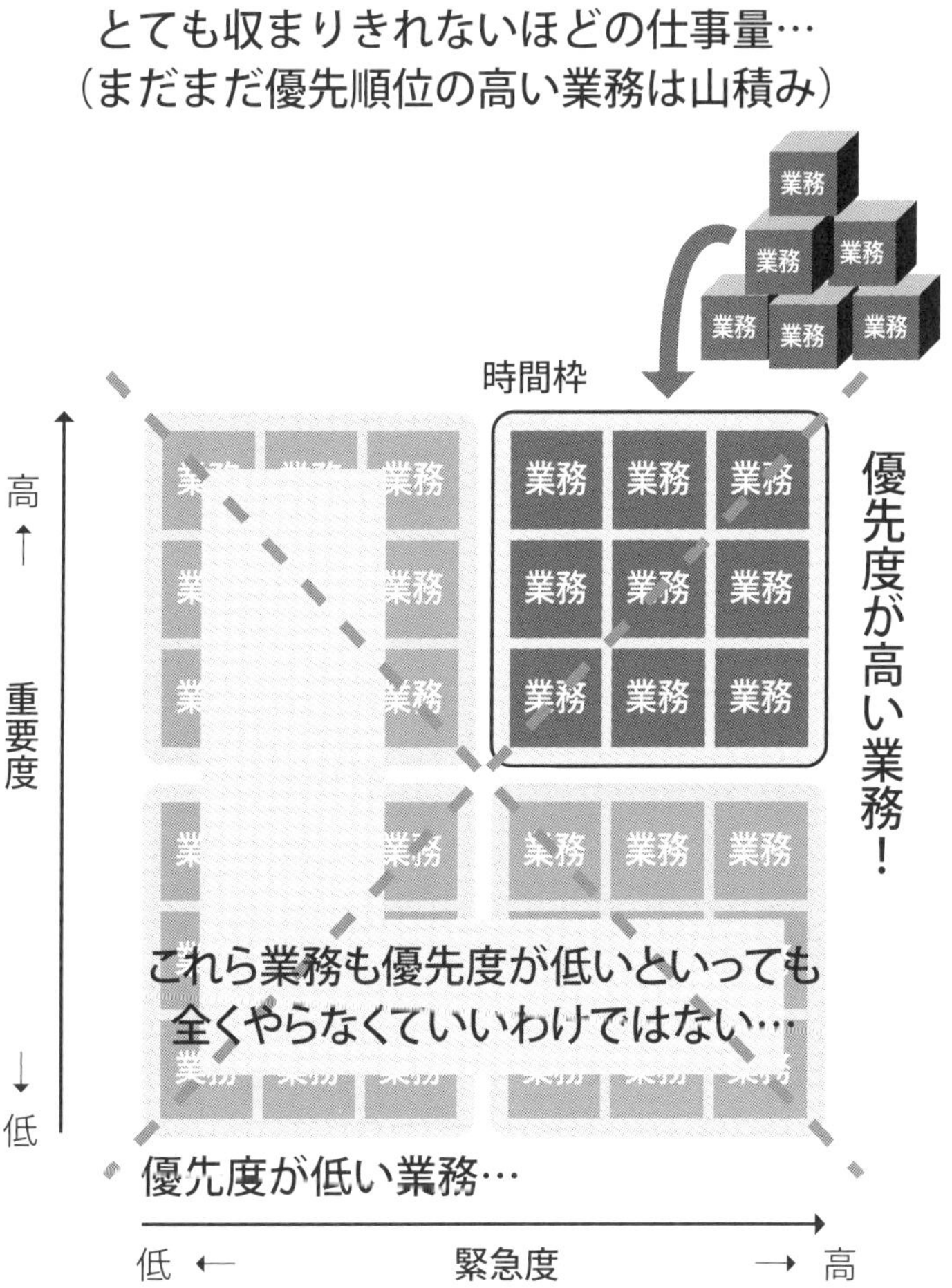

事の緊急度」を取って、現在の仕事をプロットしてみようというワークがあるが、そもそも収まりきらないのだ。

いちいち見える化しなくても図の右上に当たる重要度が高く、かつ緊急度も高い業務を中心に処理しているが、多くの課長がその次に優先しているのが右下の「重要度は低いが、緊急度の高い」業務である。

つまり納期に追われ、左上の「緊急度は低いが、重要度の高い」業務はずるずる後回しになっている。それは「労働生産性向上」などの改革業務と「部下育成」だ。

中長期的な観点からすると、この2つの仕事が重要であることは誰もが認識しているが、仕事があふれかえっている状況では、緊急度の高い右半分に追われる毎日である。

また緊急度の高い仕事ばかりをこなしていると、「やっと終わった」という処理した時の安堵感に包まれるが、決して達成感は味わえない。ゆえに精神衛生上もよろしくない。

3つ目は、『**一人ひとりが置かれている状況によって、労働時間増大の要因が異なり、かつ、それらが複雑に絡み合っているため、一律な対策では効果が得られない**』という実態がある。

営業部門であれば、納期や品質にうるさい顧客対応に原因があったり、妥協のない製品作りにこだわる製造部門自身の問題（?）であったり、次々と経営から降りてくる特命事項に右往左往する管理部門も多いことだろう。

「夜10時以降は残業するな」と言っても顧客との関係悪化や競合会社との激しいシェア争いを考えると、経営の代行者である管理職は、

「そうはいっても業績は落とせない。できるだけそうします」

と中途半端な対応にしかならない。

また「本当にそう思ってるのか」と社員に受け止められるようだと何も進まないし、「社員は自分（社長）の言うことを聞いてくれない」と嘆く経営者はいるが、本当に嘆いているようにも見えない。

3 長時間労働を解決する3つの方向性

課長は統括する組織の業績に責任を負っているので、課長自身の労働生産性の向上ではなく、組織全体の『労働時間マネジメント』という概念が必要となる。

前項で労働時間の削減が難しいポイントとして次の3つを挙げた。

『現場の管理職が、自身や部下の労働時間を削減する、という意識が低い』

『「今ある仕事を持ち時間枠に当てはめる」という考え方では、もはや大量の業務を当てはまり切らない』

『一人ひとりが置かれている状況によって、労働時間増大の要因が異なり、かつ、それらが複雑に絡み合っているため、一律な対策では効果が得られない』

これらの課題に対する解決の方向性として、まず取っ掛かりとして始めたいのが「**管理職自らが自身の労働時間削減に目を向けること**」である。

2015年の「かとく」（過重労働撲滅特別対策班）の発足以来、電通の過労自殺事件やABCマートの書類送検など労働時間にまつわる課題が注目され、大手企業を中心に勉強会・研修会が行われている。

ただ、勉強会の中身は「部下の労働時間削減」がほとんどである。管理職業務の一環である「労務管理」や「部下指導」のひとコマとして取り挙げられているに過ぎず、管理職自身の労働時間削減には目を向けられていない。

研修会の費用を負担している会社としては、固定残業代である管理職手当を支給している課長の長時間労働の改善に関心はない。人件費コストが固定なのだから、よりインプット(労働時間)をたくさんしてもらって、業績を出してくれるほうがありがたい。

「裁量権があるのだから、何とかしなさい。それが管理職だ」というスタンスである。

しかし、安易に、部下の残業を減らし、自身の労働時間の増加で穴埋めをするようなやり方では、すぐに限界が来る。自分の時間の使い方への問題意識が高まらないまま部下の残業管理をしても効果は期待薄だ。

それに、実務で忙しいプレーイング・マネージャーは、部下の育成やモチベーション向上など会社から管理職として期待されている役割を果たし切れていない。いや全く果たせていない管理職が大多数である。自らが自身に課せられている期待役割を設計する必要がある。

そしてできれば、管理職が一同に会する研修会や会議などで同じ悩みを持つ者同士で検討可能な場を創出し、仲間づくりをしたい。

2つ目は、「**自身にあった対策の検討・実行**」である。

その際に重要なのは、労働時間の削減にだけフォーカスするのではなく、その構造的な発生要因を見える化することで、実のある解決策が導き出される可能性が高まる。

また、対象はあくまで「組織」を単位とすべきであることを忘れてはならない。自身のことだけでなく、チームメンバー全員で実施できる対策を自分たちの手で検討・実行することに意味がある。

超過労働時間をお金に変換できる部下たちにとっては、残業は必ずしも「悪」ではない。労働時間削減活動に対して、当事者意識を持たせないと施策が空回りすることになる。

3つ目は、「**時間を創り出すことを考える**」だ。

自分の持ち時間に仕事を当てはめようとして、あふれ返っているのだから**時間を創り出す**という考えを常に持ち続けないといけない。

重要度・緊急度だけで仕事を分類するのではなく、仕事そのものの効率化の検討も必要だ。「業務に優先順位をつけろ！」と簡単に言う上司は多いが、部下からすると「どうせやらなければならないのだから、始める時間の工夫に過ぎない」ということになる。

むしろ、一番やらなくてもいい仕事は何かという「**劣後順位**」から考えていくほうが業務の統廃合に寄与することが多い。

組織内での分業も視野に入れたい。部下や派遣社員、スタッフ部門、外部協力業者への依頼など、**自分がその業務を本当に抱える必要性を吟味したい。**

その際、自身の時間管理能力を研ぎ澄ましていくことを意識したいのだが、同時にチーム管理能力を鍛えなければならない。

4 組織の労働時間マネジメントは「チームマネジメント」

本章のタイトルは「残業しない課長の生産性を上げる時間マネジメント術！」だが、この中には「自身の労働時間の削減」だけでなく、「チーム全体の労働生産性の向上（労働時間の削減）」、そして「仕事の成果の維持・向上」という3つの難題の解決でもある。「そんなことができるのか」という声が聞こえてきそうだが、組織責任者の目指すべき労働時間マネジメントは「チームマネジメント」そのものなのだ。

チームマネジメントの要諦は、「縦の統一」、「横の連携」、「個の強化」の3つだと考えている。

「縦の統一」とは、上司・部下間の円滑なコミュニケーションのことだ。

一般的な管理職研修でも、部下とのコミュニケーションの取り方、あり方に多くの時間を割かなければならないほど、上司・部下間の意思疎通ができていない。

「報連相」の重要性は、新入社員時代から徹底的に教わっているはずだが、人事評価のフィードバック面談の部下の感想として「上司の評価に納得いかない」とか、業務目標の達成レベルや業務品質の基準のすり合わせがうまくいっていないという話は枚挙にいとまがない。

人事評価の納得性は日ごろの接し方で8割が決まるといっても過言ではない。「人事評価は客観的な事実に基づいて評価しましょう」と研修では、口を酸っぱくしてお伝えしているが、**「納得性」は本人同士の日ごろの関係性の問題**である。

日常的に評価・指導してくれる上司だからこそ、結果にかかわらず納得するのであって、客観的なデータだけ示されて、評価結果を伝えられても、日常的にコミュニケーションが不足している上司に対して納得しない理由を探すことになる。

業務目標の達成レベル、品質レベルですり合わせができていないのは上位方針を部下にきちんと展開ができていないからだ。上から降りてきた数字や文言をそのまま伝言ゲームのように伝えているだけでは、実務的に齟齬が出るのは当然だ。

「横の連携」とは、部下同士がお互いに手が空いた時などに自主的に支援し合うような組織運営になっている状態だ。90年代後半から本格化した成果主義は、個々人の役割意識や自律心を育むきっかけにはなったが、同時に連携意識、協調・共有意識が薄くなった。

人事評価の評価項目にも成果と、成果に至るプロセス(発揮能力)は見るが、「協調性」「積極性」「責任感」「規律性」など情意に関するものが無くなってしまい、組織目標の共有がされにくい組織風土となった。

組織目標の共有とは、組織のメンバーそれぞれが自分の担当した役割について責任を感じるだけではなく、組織全体の目標達成について責任を感じている状態である。

野球にたとえると、1点リードで迎えた9回裏2アウトでランナー1塁・2塁、長打だとサヨナラの場面で、多くの選手は「こちらに飛んでくるな」と祈っている。そして自分のところに飛んでこなかったら「よかった」と安堵するはずだ。まさか味方がエラーするとは思っていない。

そして、ボールは転々と外野に転がって大逆転サヨナラ負けとなる場面を何度となく見たが、組織目標が共有化されていれば、「どこにボールが飛んで行っても自分がカバーしよう」とみんなが考え、大事に至らない。

「個の強化」とは、部下一人ひとりが仕事の段取りを最短プロセス、戦略的な進め方を考えるようになり、コスト意識を持って、仕事の優先順位を考えるようになることだ。

ここで初めて一般的なタイムマネジメント手法が生きてくる。

半期の業務目標を月間、週間、日々の目標や活動に落とし込み、重要度と緊急度に分類したタスクを「TO DOリスト」に展開して、タスクを処理したら消し込んでいく。

自分の労働生産性が乱されないように「集中する時間」を設定して、〝自分自身にアポイントを取り〟飛び込みの仕事で邪魔されないようにする。
業務を処理可能な適切な塊に分解して、隙間時間に処理したり、後輩に依頼する等々・・・
これらは個人で完結できる範囲の業務なら有効だ。
管理職のタイムマネジメントは組織の労働時間マネジメントであり、〝チーム運営〟マネジメントと同義であることの認識が必要だ。

5 自身の労働時間の使い方を知る

管理職になったら「これからは、労働時間は自分で決めてください。というか、経営者の代行ですから、労働時間という概念はありません。結果を出すためにやるべきことをやってください」という有言無言のメッセージを受け取る。

その時から、「よしっ、これから労働時間を気にせず組織を率いて業績上げるぞ！」と思うのか、「管理職手当もらっても、残業手当なくなった。実質的な給与は下がるよな」と感じるのかは人それぞれだが、いずれにしても、自身の労働時間を気にしなくなるのは共通のようだ。

では、年間の総労働時間を算出してみよう。

まず、平均的な1日の総労働時間を考える。

それに年間の稼働日数から有給休暇日数を差し引いた日数を掛け算すると、どれくらいの労働時間になっているのかが分かる（図表⑥）。

例えば、所定労働時間が1日7・5時間、祝祭日など公休を引くと年間250日あたりが稼働日となるが、有給休暇を20日消化するなら、年間で1725時間が最小限の労働時

図表⑥　年間何時間働いていますか？

■ タイムマネジメントの第一歩は、
マネジメントする対象である自身の労働時間を知ること。

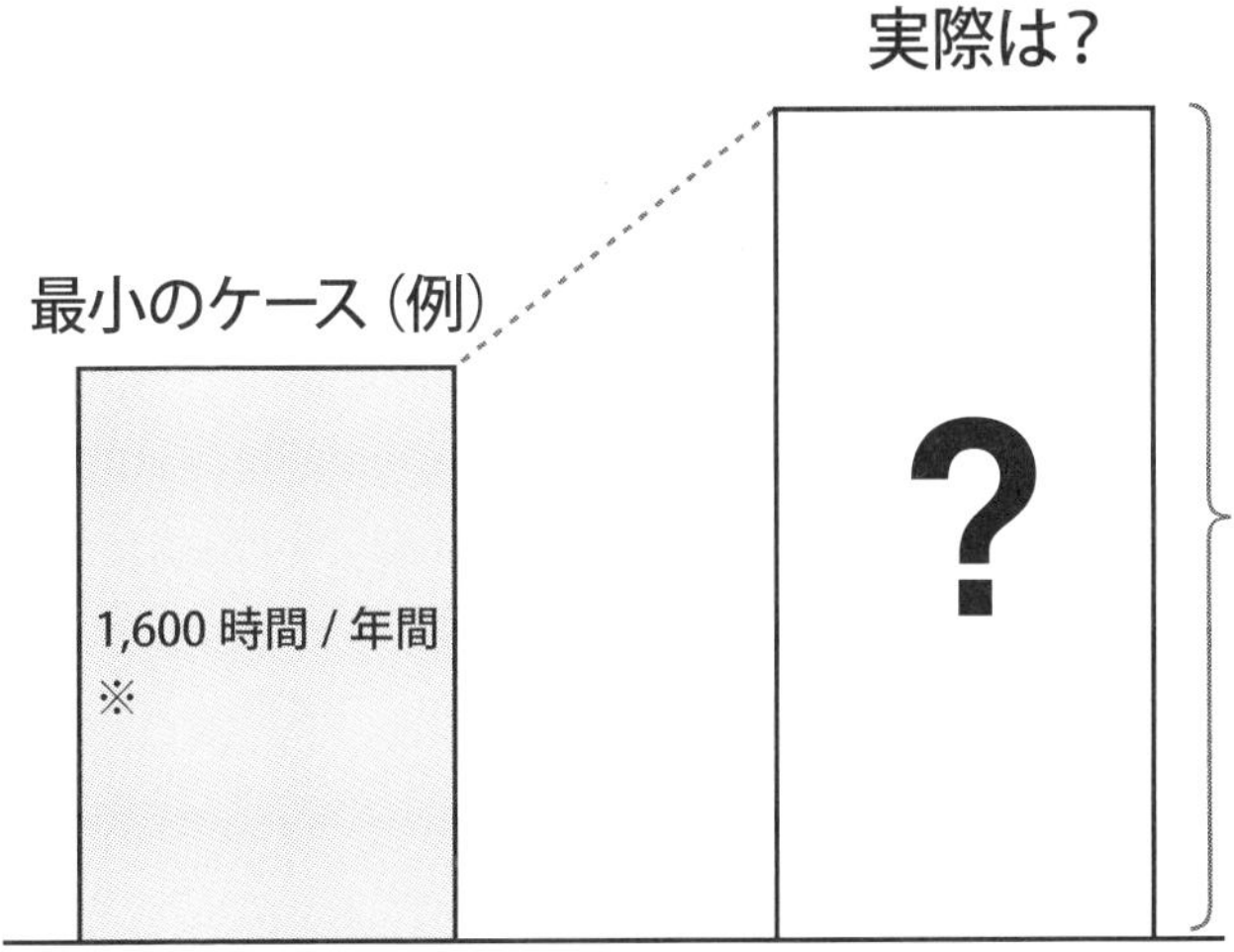

年間労働時間（概算）を算出

(a) 時間/日 × 年間（250日/年ー (b) 日/年）

(a) 毎日、平均何時間働いていますか？
(b) 年間、平均何日間有給休暇を取っていますか？

※ 1日7.5時間、年間営業日数250日とし、年間で有給休暇20日取得した場合
7.5時間/日×（250日/年-20日/年）　=1,575時間/年 ≒1,600時間/年

間となるが、あなたは、どれくらいの数値になっただろうか。

次に、どんな業務に何％の時間配分をしているのかを考える。

1カ月に行うタスクをできるだけ洗い出し、それらにどれくらいの比率で時間をかけているのかを計算する（図表⑦）。年間の労働時間を算出するので、毎月発生しない季節的なイベント（例えば、部下の人事評価業務など）は年換算する。

図表⑦のフォーマットは「配分（％）」と表示しているので、何％程度になるかと考えてもいいし、1日12時間稼働しているなら、「クレーム関連業務、2時間」、「部下の営業同行、1時間」などと、12時間を割り振ってもいい。

月単位で割り振った時間を12で乗じて、タスクごとの年間時間を出してみる。

各タスクに要する時間を棒グラフなどにしてみると、分かってはいたが改めて見える化すると「営業準備にこんなに時間をかけていたのか」とか、「部下指導にほとんど時間をかけていなかったなあ」というような実感が湧くだろうか。

当たり前だが、多くの時間をかけているタスクは、労働時間削減の余地が大きい。ここに何とか手を付けたいところだが、無駄に長く時間をかけている自覚はないので途方に暮れてしまう。

図表⑦ タスクリスト例「経営企画部」

年間総労働時間(概算)	平均労働時間/日(　　)時間/日 × (250日/年 − 休暇日数(　　)日/年) = (　　)時間/年

	業務内容 経営企画部 編	配分(%)
(1)主体業務	① 経営目標・方針の策定・見直し	
	② 投資計画の策定	
	③ 個別計画の関係者間調整/事業計画策定	
	④ 予算編成方針の策定	
	⑤ 予算の部門間調整	
	⑥ 予実管理(チェック)・問題抽出	
	⑦ 問題解決策の策定・起案	
	⑧ 経営トップ意思決定に必要な情報及び人的支援	
	⑨ 経営トップの日々の必要情報の提供	
	⑩ 各部門/グループ会社の業務効率化支援	
	⑪ 会社方針の現場伝達/現場課題のトップ伝達	
	⑫ 特命事項(プロジェクト)の推進	
	⑬ 経営管理方法の改善・改革	
	⑭ 経営管理システム(情報システム)の企画・導入	
	⑮	
	⑯	
	⑰	
	⑱	
	⑲	
	⑳	

	業務内容	配分(%)
(2)管理業務	① 担当グループ等の方針・戦略の策定	
	② 担当グループ等の事業計画の策定/実行管理(予実管理)	
	③ 決算対応(各種報告・自主検査対応等)	
	④ 購買・発注の手続き	
	⑤ 購買物の納品・検収の手続き	
	⑥ 部下の目標管理面談の実施	
	⑦ 新入社員の重点育成(各種成果発表会等)	
	⑧ 担当グループ内の育成施策の推進(勉強会等)	
	⑨ 部下の就業管理(残業・出張・休暇承認等)	
	⑩ 担当グループの労務管理(長時間労働者管理等)	
	⑪ 担当グループの人員計画の策定(派遣社員含む)	
	⑫ 社員フォロー(業務指示以外の相談対応等)	
	⑬ 固定資産の管理	
	⑭ 税務調査・監査への対応	
	⑮ J-SOX法への対応(監査対応含む)	
	⑯ セキュリティ関連への対応(監査対応含む)	
	⑰ オフィス・備品の管理	
	⑩	
	⑲	
	⑳	

図表⑧ 労働時間セルフチェック

スローガン		労働時間削減目標	

	目標			実践プラン			
	目標項目	成果指標	削減目標値	対応策	期日	実践の障壁	解決策
主体業務	①						
	②						
	③						
	④						
	⑤						
管理業務	①						
	②						
	③						
	④						
	⑤						
ミッション業務	①						
	②						
	③						
	④						
	⑤						

そこで、是非、やっていただきたいのが、同じような境遇にある課長と一緒にお互いのタスクに時間のかけ方について意見交換をすることだ。

同じ会社の営業課長であれば、タスクリストの内容を統一して、算出したタスクごとに労働時間を見比べてみると、意外な違いが発見できたりする。営業2課の課長Aは、報告書作成の時間が多いが、3課の課長Bは少ないとなると、こんな会話になるだろうか。

課長A：「なんでそんな短い時間で処理できるのですか？　凄いですね」
課長B：「いやいや、報告書なんて大事な部分は数字とほんの数行のポイントのまとめなので、定型文を作っておいて、空欄に当てはめるだけにしているんですよ」
課長A：「確かにそうですね。私は主任時代に上司が文章表現に厳しい方でして、それはそれで勉強になったのですが、何と表現したらいいかに時間をかけてしまう傾向がありましたが、よく考えてみると、数字はエクセルの表とグラフを貼り付け、3行のリード文とポイントは箇条書きにすれば、報告書の要件は満たせますね」

管理職まで到達する人は、どういう報告をすれば上司に受けるかというスキルを知らぬ間に習得している。上司から10のボリュームを指示されたら、12、13のアウトプットを出そうとする。

部下から報告を聞いているときに、「そう言えば、こんな点はどうなるのだろうか」という上司の問いに、「私も同じ疑問を持ちまして、別途調べてみましたら…という事実が分かりました」のようなやりとりができる部下が評価される。

確かに上司の意図や性格、能力を見抜いての対応なのだが、得てして業務の過剰品質を招くことになる。これが**社長⇩役員⇩部長⇩課長⇩係長⇩主任⇩課員**という指示命令の流れの各階層で行われているとすれば、全社で膨大な労働時間になっているはずだ。

タイムマネジメント研修などの場でディスカッションするのもいいが、営業会議、連絡会議など管理職が集まる**会議のひとコマを使って、業務時間の使い方をシェアする**だけでもかなりの効果はある。

6 「実現できていない」マネジメント業務を見積もる

前項のワークで自身の長時間労働の実態を確認し、時間削減したいターゲットタスクも見えてきたところだろうか。では早速、労働時間削減に向けて何から取り組もうかと考える前に検討したいことがある。管理職として〝本来期待されている役割〟のリストアップである。

企業規模にかかわらず課長と言われるプレーイング・マネージャーの忙しさの主な要因(かける時間の多さ)は、組織マネジメント業務ではなく、いち担当者としての実務だ。ところが、会社は「経営者サイドの人間なのだから、組織のマネジメントをしてほしい」という期待が強い。

例えば、「上位方針を踏まえて、仕事を計画し、組織化し、割り当て、指示・指導して、統制・調整」が本来の役割だが、とりあえず部下がそこそこやってくれるので、自身の仕事にほぼ専念していて、マネジメント業務は放任状態という場合も少なくない。

「統括する仕事の効率化」も重要な役割だ。部下は自身の仕事に没頭しているので、自分なりにいろいろ工夫はあっても、客観的な見地からの仕事の効率化ができない。そこを上司の立場から問題点を発見し、改善・工夫のアドバイスや指示を与え、成果を上げさせることが期待されている。

「部下の指導・育成」は組織全体の生産性向上に直結する重要業務だ。

前期より今期、今期より来期と、年度ごと、いや半期、四半期ごとにより高い成果が求められるが、だからといって簡単に人員が補充されるわけではないので、伸びしろのある部下を成長させなければならない。それもより早くだ。

ＩＴが発達して、業務システムや携帯、スマホ、ｉＰａｄ等々便利なマネジメント・ツールが次々と開発されたが、人の成長スピードは技術革新ほど早くない。いやむしろ便利になった分、思考力やコミュニケーション力などは退化しているような気もする。

これは若い人たちの問題というよりはむしろ、育成環境の変化がある。

私が育ったバブル時代だと「お客さんのところに行って、思いっきりやって、叱られてこい！　なんかあったら俺が責任を取る！」とかっこよく上司に送り出されたものだ。

取引先も「俺もこんな若い時があったな。一生懸命さに免じて許してやるよ。いい勉強になっただろ」というような余裕があり、本当に上司まで引きずり出すような場面はそう多くはなかった。

ところが今は、こちら側も顧客側も余裕がなくなり、些細なことでも大クレームに発展することが少なくない。

一昔前までは4月、5月ごろにホテルを利用すると、「研修生」「実習生」というプレートを新人が胸に付けていたが、最近はほとんど見かけなくなった。業界の方に尋ねてみると、「新人にこんな仕事を任せるのか！」とクレームを言ってくる顧客が年々増えてきたそうで、プレートを外したら言われなくなったそうである。

あなたは若い部下に「責任は俺が取るから、思いっきりやってこい！」と顧客に送り出せているだろうか。

「とにかくクレームだけは出さないでね。後が大変だから」などと言って部下の成長機会を奪っているとすれば、長い目で見て組織の生産性向上は望めそうにない。

管理職に求められる役割にはその他にも「職場風土の活性化」や「上位方針の浸透」、「組織間連携の支援」などまだまだいくつもあるし、経営幹部の特別な思いもあるだろう。

どれくらい時間が経っているだろうか。あなたが課長に就任した際に受講した新任管理職研修のテキストをいま一度引っ張り出していただき、管理職の本来業務とは何かを思い出していただきたい（図表⑨）。

図表⑨ "本来やるべき業務"とは何か？

課長（管理職）が担うべき役割例		
	管轄する仕事の管理	仕事を計画し、組織化し、割り当てし、指令し、統制し、調整すること
	管轄する仕事の改善	仕事上のいろいろな問題点を発見し、これを改善・工夫して、成果をあげること
	部下の指導と育成	部下の業務遂行の支援を行いつつ、能力を最大限に発揮させ、成長させること
	職場風土の活性化	職場内のコミュニケーション（人間関係）を良い状態に保ち、やる気を起こさせること
	組織間の連携支援	上位組織のビジョンや目標の達成に貢献するべく、組織間の連携を行うこと

7 生産性が上がらない3大要素を意識する

労働時間が増大する要因は様々だが、組織を統括する管理職は「自身のワークスタイル」、「チームワークのタイプ」、「業務の特性」という3大要素を押さえておかなければならない（図表⑩）。

ひとつ目は、「**自身のワークスタイル**」を知ることだ。

第2章で『仕事を抱え込む課長』と『他者に（丸）投げする課長』を紹介したが（61頁）、あなたはどちらのタイプに近いだろうか。

前者の場合、その業務について最も熟練している課長が直接手をつけたほうが早いし、うまいし、安上がり（残業代がかからない）だが、自身の抱える業務量が半端なく増えていくことになる。

部下はどうしているのだろう。常に忙しくしていて〝話しかけるなよ〟オーラを出している課長に自分の業務上の相談ができずに、場合によっては業務がストップしてしまうことも珍しくない。

この状態を放置しておくと、課長は次に上から降りてくる仕事も自身で抱え込み業務量

図表⑩ 組織が長時間労働を起こす「3大要素」

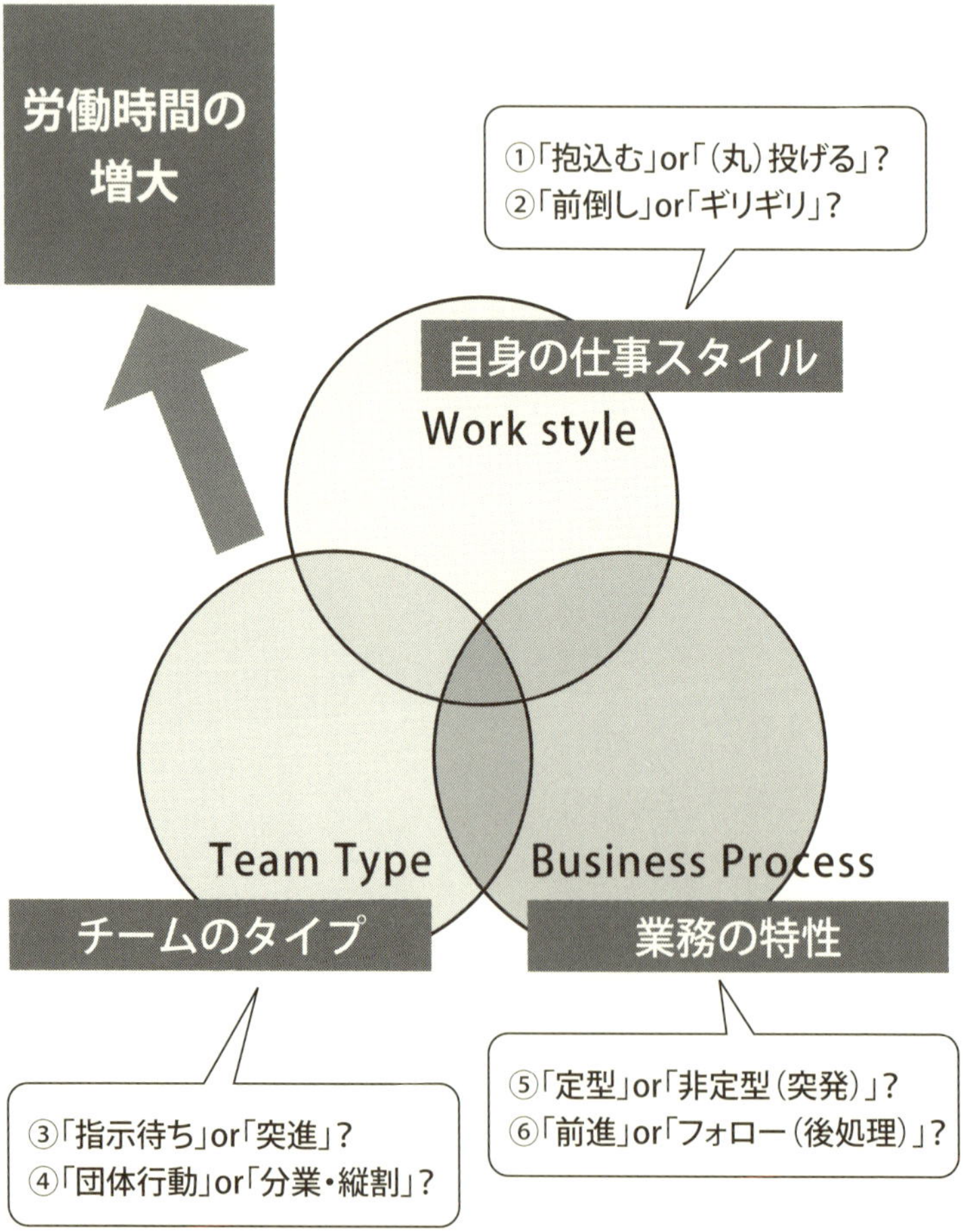

は更に増え、本当にアップアップ状態になる。

部下はというと、課長に比べ時間が空くが、やることはあるので別に遊ぶわけではないが、組織全体にとって優先順位の低い仕事に時間をかけたり、新たな仕事を創る傾向が顕著になってくる。

抱え込み課長は忙しそうで、部下も暇そうではないが、業績が低迷しているので、気になった部長が様子を見に来ても、実務からは遠ざかって久しいので「大変だな。ご苦労様」としか言えない。

上司は部下の業務を止めないようフォロー時間を確保し、部下が優先度の低い仕事を創り出さないよう、自身の業務分担設計・管理の時間を確保しなければならない。

後者の「**丸投げ課長**」はどうか。

抱え込みタイプとは逆で、管理者自身の実務負担が減り、マネジメント業務に専念できそうで、全体最適を考えられそうに思えるが、余裕がありそうな課長には部長から更なる課題が降ってくる。その分、部下は業務が丸投げされるので部下の処理業務は増える一方である。

そもそも丸投げが成立する組織の課長の下には、優秀な部下が頑張っているのだが限度がある。

抱えきれなくなって、オーバーフローした部下の仕事が倍返しとなって課長に手戻ってくると、もはやにっちもさっちもいかなくなる。

上司は部下のオーバーフローを防ぐようフォロー、バックアップ時間を確保し、自身は無理に他業務を入れず管理時間を確保する努力が必要だ。


2つ目の要素は、「**チームのタイプ**」だ。

部下たちが言わゆる「指示待ち」タイプなのか、それぞれが自立心旺盛な猪突猛進タイプなのかによって部下への指示の出し方も異なる。

みんな一緒の団体行動型なのか、分業・縦割り組織型なのかの違いによっても業務改善の視点は違う。

部下それぞれの個人能力をきちんと把握した上で、チーム内の役割分担をしっかりと整理し、彼ら・彼女らとの関係性を振り返って対策を検討することが肝要だ。


3つ目の要素は「**業務の特性**」だ。

定型業務中心の事務業務なのか、クレーム対応など突発的な対応が多い非定型業務が主なのかによって生産性改善の視点は異なるし、前裁きが中心のフロント営業なのか、受注してからの後処理・フォローの仕事なのかによっても、対応策は違うはずである。

業務遂行のルールや各種制度がどうなっているのか。上司の組織運営方針や方法、組織体制の構造などを今一度振り返る必要があろう。

課長はこれらの要素を考慮しながら、組織全体の適切な労働時間マネジメントのあり方を探ることから始めたい。

8 労働時間が増大する9つの根本原因から施策を検討する

長時間労働の削減に向けて様々な取り組みがなされているが、突き詰めていくと第1章で取り上げた「長時間労働がなくならない9つの根本要因」に行きつく。前述したようにひとつの施策がひとつの解決策となるような1対1の関係ではないが、企業で行われている施策を簡単ではあるが影響度の大きい順番でご紹介だけしておこう（図表⑪）。

「**方針**」の分野では、「労働時間に関する会社方針の明示」や「時間外労働時間削減目標の設定」「サービス残業不可方針の明確化」といったところが目に付くが、中にはヤマト運輸のように「宅配総量の抑制や値上げ」など「顧客対応方針の見直し」の領域にまで踏み込んでいる企業もある。この方針を打ち出すには経営者の相当な覚悟が必要となるが、顧客に対する過剰品質が日本企業の労働生産性改善の主な阻害要因だと考えると実行に移そうとする企業には拍手を送りたい。

「**業務プロセス**」の分野では、「出退勤チェック方法の改善」「業務管理プロセスの見える化推進」「業務の一部又は全部のアウトソーシング化」「非効率業務の洗い出し及び対策の

図表⑪　「対応策（労働時間削減施策）」を考えるポイント

対応策

	概　要
1 方針	労働時間に関する会社方針の明示/時間外労働時間削減目標の設定/顧客対応方針の見直し/サービス残業不可方針の明確化
2 業務プロセス	出退勤チェック方法の改善/業務管理プロセスの見える化推進/業務の一部又は全部のアウトソーシング化/非効率業務の洗い出し及び対策実施/業務管理指標の見直し（集計負担軽減等）/タスクに標準時間を設定
3 人材	管理職研修の拡充（上位職責から開始等）/啓蒙研修の実施/全国人事労務担当者会議・研修の開催/ステークホルダー（顧客・取引先・上司・部下・同僚・本部・他部門等）別対策立案実施
4 組織構造	組織の再編/人員配置基準の見直し/組織機能の（再）定義/部門間インターフェース問題の検討会議定期開催
5 組織風土	オフサイトミーティングの立上げ/「ノー残業デー」「ノー休日出勤日」の設定/シンポジウムの開催/健康管理体制の充実と啓蒙活動/Q＆A集等アピール文書の発行/社内サイトの立上げ
6 制度・ルール	変形労働時間制の適用拡大/裁量労働制の導入/在宅勤務の適用拡大/連続休の制度化/各種休暇制度の導入/時間外の割増率の引上/権限委譲と責任の明確化/労働時間管理指標の人事評価項目への組入れ/三六協定の上限時間切下げ/人事諸制度の見直し
7 情報システム	情報機器の貸与/労働時間実績データの分析・レポート・レビュー/コミュニケーションツールの開発スケジュール管理ツールの運用ルール共有化と徹底
8 ファシリティ	オフィスレイアウトの変更/オフィス移転の検討/夜間就業禁止の強制執行（強制消灯、ＰＣログイン制限など）
9 モニタリング	要員管理指標導入による要員マネジメント体制の強化/タイムマネジメント実施状況のモニタリング/人事部による長時間労働組織への定期ヒアリング/業績検討会議でのチェック

実施」「業務管理指標の見直し（集計負担軽減等）」「主要タスクごとの標準時間の設定」などである。この20年で業務のアウトソーシング化はそれなりに進んだが、働き方改革の盛り上がりによって更に外部への業務移管が進展するのではなかろうか。

「**人材**」の分野は、「管理職研修の拡充」「啓蒙研修の実施」「全国人事労務担当者会議・研修の開催」「ステークホルダー（顧客・取引先・上司・部下・同僚・本部・他部門等）別対策立案実施」などが挙げられ、研修系の話が多いがこれは上位の職責から始めないと効果が期待できない。女性活躍推進もそうだったが、経営トップがいくら「女活」を叫んでも、役員以下の管理職の意識が低いままだと、下々の社員だけ盛り上がったとしても一時的なイベントに終わってしまう。

「**組織構造**」の分野では、「組織の再編」「人員配置基準の見直し」「組織機能の（再）定義」「部門間インターフェース問題の検討会議の定期開催」などであろう。第1章でも述べたが、組織構造改変は経営戦略から展開される最重要テーマのひとつだ。

長時間労働の改善や働き方改革のために実施するものではないので、一時的にでも逆に業務効率が悪くなることもあり得るし、組織再編そのものが役員間の利害が絡むこともあるので、いち管理職としては任された組織の効率運営に専念することになろうか。

「**組織風土**」の分野では、「オフサイトミーティングの立上げ」「ノー残業デー・ノー休日出勤日の設定」「シンポジウムの開催」「健康管理体制の充実及び啓蒙活動」「Q&A集等アピール文書の発行」「社内サイトの立上げ」などの話をよく聞く。これらの施策は、実際の労働時間削減につながるまでに時間がかかるが、確実に定着させていくためには関係者の根気が必要だ。

「**制度・ルール**」の分野では、「変形労働時間制の適用拡大」「裁量労働制の導入」「在宅勤務の適用拡大」「連続休の制度化」「各種休暇制度の導入」「時間外の割増率の引き上げ」「権限委譲と責任の明確化」「労働時間管理指標の人事評価項目への組入れ」「三六協定の上限時間切り下げ」「人事諸制度の見直し」などさすがに人事部が所管となる項目は多岐にわたるが、現場管理職への啓もうが欠かせない。

「**情報システム**」の分野では、「情報機器の貸与」「労働時間実績データの分析・レポート・レビュー」「コミュニケーションツールの開発」「スケジュール管理ツールの運用」「ルール共有化と徹底」などが挙げられる。情報システムの進化は凄まじく、ほんの数年で労働生産性の改善はかなり進んだと考えられるが、その分、悲しいかな労働時間の削減ではなく、業務処理量の増大で相殺されている。

「**ファシリティ**」分野は、「オフィスレイアウトの変更」「オフィス移転の検討」「夜間就業禁止の強制執行」などが多い。夜10時以降の強制消灯、PCのログイン制限などでは顧客対応に支障をきたすという理由で、いったん例外が認められると、通常と例外の区別がつきにくいことも手伝って、業績のいい組織を中心になし崩し的に強制が解かれてしまうこともある。

最後は「**モニタリング**」分野だが、「要員管理指標導入による要員マネジメント体制の強化」「タイムマネジメント実施状況のモニタリング」「人事部による長時間労働組織への定期ヒアリング」「業績検討会議でのチェック」などの施策が行われている。

9 最初の一歩が重要!〝ベイビーステップ〟から始めて成功体験を積み重ねる

ノー残業デーが人事施策として各企業に導入され始めたのは、90年代くらいからであろうか。週の真ん中の水曜日に設定している企業が大半だが、当時は次の日の木曜日は超残業デーになったという笑えない状況だった。だが、こんな小さな一歩が定着し、いまでは多くの企業で月間総労働時間の減少に寄与している。

長時間労働改革に限らず、企業が何かを変革しようとしたとき、「○○改革プロジェクト」が発足し、勢いをつけるために、いきなり大きな成果を求めることが少なくない。

ところが、たいていの場合、最初に設定した高いハードルを越えられず挫折することになる。また、やるべきことを列挙して、やみくもに片っ端から実行するパターンも散見されるが、施策の効果を検証する前に新しいことを始めるので、効果があったかどうかわからないまま社内ブームが過ぎるとやらなくなる。

中堅以上の会社の経営者は、「改革」好きの方が多いが、何かあるたびにプロジェクトが立ち上がり、その都度部門の代表者が招集されることになる。プロジェクトは経営課題を解決するために発足するので、メンバーは社内の各階層・各部門の優秀な人材で構成されている。

私もコンサルタントとしてクライアントの各種プロジェクトに関わることが多いが、このような会社の管理職（特に課長クラス）は、「参加しているプロジェクトの会議は、今週もう4会合目です。自分の仕事が滞って大変です」と改革疲れを隠せない。

「考えて行動しないより、まず行動しよう」という考えは良いのだが、結果が出ない、または結果が良かったのか悪かったのか分からないまま、通常業務以外のプロジェクト業務を遂行していくのは辛いものがある。

それに「残業削減」というテーマは、実質的な給与の減額につながるので、必ずしも全社員が一枚岩で積極的に取り組みたいテーマではないので、改革へのモチベーションの維持が難しい。

最初から大きな成果は狙わずに、小さな成功体験が味わえる施策から着手し、徐々に拡大していくことが現実的であり、かつ効果も高い。

「ノー残業デー」のように、最初のうちは翌日にその分が残業として乗っかるだけになるかもしれないが、1か月（4、5回）やるだけでも、月間残業時間はいくらか減少する。効果は限定的であったとしても、実現しやすいことに取り組むことで、「削減感覚」をつかむことが何より重要だ。

また、併せて組織内の生産性のモニタリング機能を設置（強化）したい。

例えば、部下と生産性に関する定期面談を実施し、作業負荷の分散や効率アップなどに関する指導をしたり、会議ルールを再設定するなど（1時間以内、延長予約禁止、タイマー設置、出席者厳選など）効果確認を忘れずに。

これは決して「顧客対応業務の省力化」など難易度が高く、大きな効果が期待できるような事柄を先送りするという意味ではない。このような本丸の施策は、同時並行で遂行上の障害・課題を洗い出し、小さな一歩が踏み出せるように十分な検討を忘れてはならない。

このようにプチ成功体験を重ね、「やればできる」ことが確認できれば、施策の適用範囲を課単位から部門全体へ、そして他部門・全社へと展開していけばいい。

10 残業がなくならない原因は「上司の仕事の仕方にある！」

労働時間削減は様々な要素があると先に述べたが、障害となるほとんどの場合は、ステークホルダーとの関係性にあるといっても過言ではない。

通常タイムマネジメントと言われるものは、個人の時間の使い方、タスクの処理の仕方が中心なので、労働生産性の改善も個人に限定される。ところが組織のタイムマネジメントとなると、組織内外のステークホルダーとの絡みを無視できない。というよりむしろ、ここが一番の問題だ（図表⑫）。

社員の労働生産性を阻害している張本人は上司である。部下に「早く帰れ！　休日はゆっくり休め！」と言っても、上司本人が遅くまで仕事をして、休日まで出社するようでは、部下も定時帰りや有給休暇が取りづらい。

特に、部長以上の単身赴任者は、自宅に帰ってもやることがないので、いつまでもオフィスに残っている（酒を飲まない上司などは特にそうだ）。

外資系やベンチャー企業だとあまりないが、年功序列の組織風土が根強く残っている日本の大企業などではいまでも目にする「残業序列」である。

図表⑫ 遂行上の障害まで考え、手を打ちながら進める

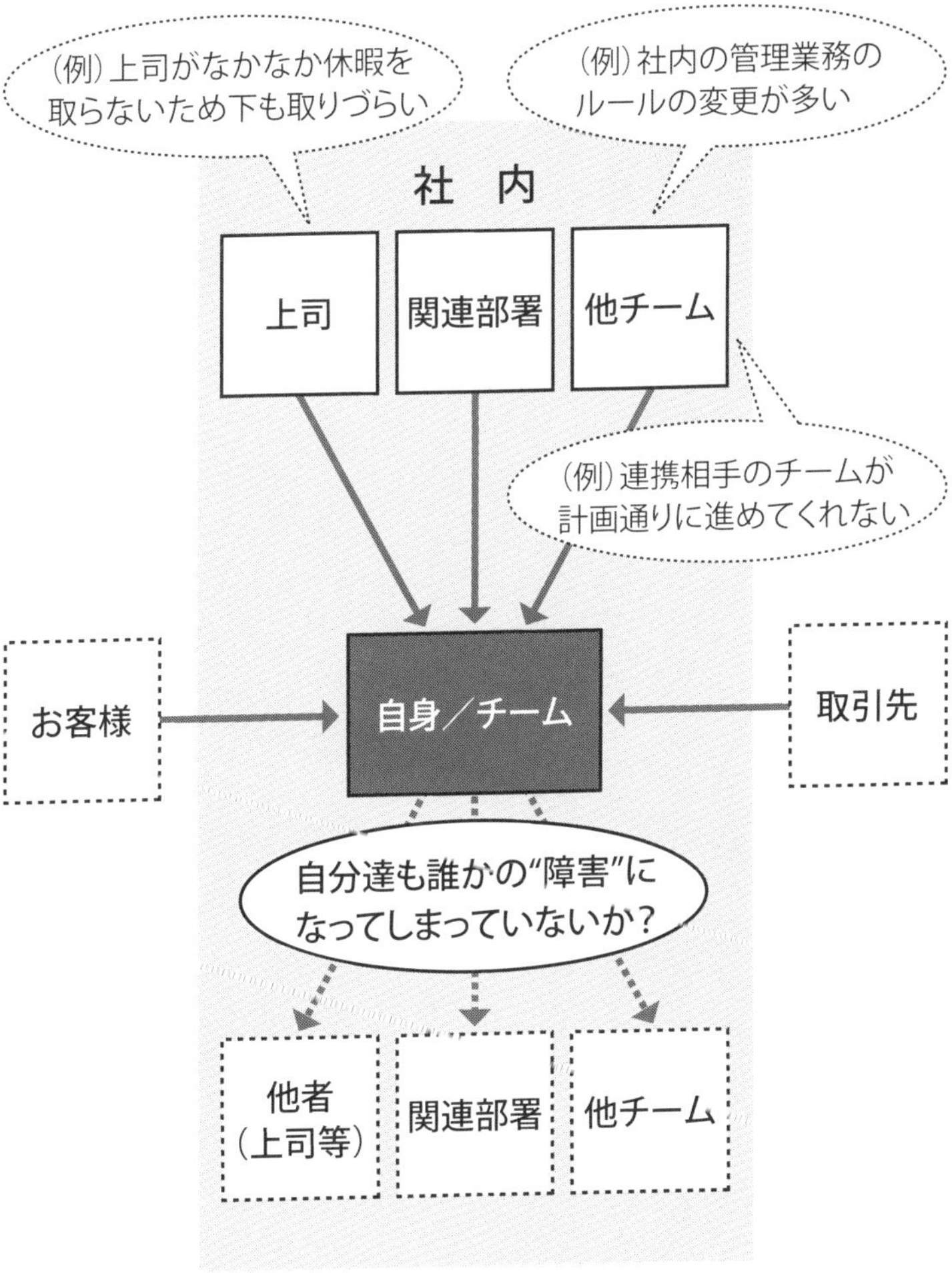

部長がオフィスから出たら、確実に社外に出たと思われる10分後に、あるいは窓から部長が玄関から出ていくのを確認してから、課長が身支度を整えて退社する。係長も同様に課長が退社したのを見届けて、オフィスを出る。これが新入社員に至るまで続くとなると大変な時間のロスであるが、それほど昔の光景ではない。

挙げるとキリがないが、上司は思いつきで仕事を依頼するし、思い出したかのようにみんなが忘れていたことを「あれどうなった?」と唐突に報告を要求する。あくまで部下側に立った視点なので、上司からすれば当然の指示でも部下には分からない重要事項だと思われるが、「こういう思いつきで指示を出す上司に振り回されている」と中堅社員研修では話題の中心になることもある。

上司は本来部下の労働生産性を引き上げることが主要なミッションだが、逆をやっている上司は多い。

仕事を依頼するときは、上司の方から5W1Hの視点で内容を整理して依頼したい。

前後の工程を分担している場合も煩わしいところがある。営業活動を重視するあまり、もう1件といって夕方に会える客先へ赴き、そういう営業担当者の遅い帰りを待たされる受注処理の事務担当者の残業削減は難しい。

連携している他チームとの関係の場合などでは、こちらがいくら計画通りに業務を進めていったとしても、連携相手の段取りが悪く、業務処理・意思決定スピードが異なれば、こちらの手待ち時間が発生してしまう。

これらのことはあくまで労働生産性の向上が阻害されているという被害者側からの話であって、逆に自分たちが誰かの障害になっている可能性も十分にある。

管理職が行う組織の労働時間マネジメントの推進に当たっては、自分たちが他者へ与えている影響も踏まえながら、ステークホルダーごとに図表⑫のような障害のマッピングなどをして整理すると、今後改善を進めていく上で、誰にどのような協力を得ればいいかが分かりやすくなる。

11 労働時間削減の全体プランを策定し、チームメンバーで共有する

本章では、残業しない課長と組織の実現を目指していくつか提言してきたが、最後の仕上げは、いろいろと現在検討している施策を半年程度の期間イメージで労働時間削減の実践プランに落とし込み、チームメンバーと共有することだ。

ＩＴ技術の飛躍的な発展に伴い、組織の労働生産性はかなり向上したが、残念ながら効率化が図られ、改善された時間は次の新たな仕事に置き換えられ、労働時間の実質的な削減につながらなかった。

特にそのシワ寄せは、残業手当がつかない現場責任者の課長と、課長手前のベテラン社員のサービス残業で吸収してきた。

本章で取り上げたことをベースに整理すると、まず課長が自身の「**労働時間の長さと実態**」をつかみ、管理職としての本来の役割を再定義した上で、長時間化する特有の課題（マネジメントスタイル、チームのタイプ、業務の特性）を認識しながら労働時間削減目標を設定する。

労働時間が増大する根本要因を9つの視点から網羅的に検討するとともに、障害となり

得るステークホルダー想定した対策を立案する。

施策の実行段階では小さな成功を積み重ねて「削減実感」が持てるようなベイビーステップとする。

これを課長自身のことではなく、部下たちも巻き込んだチーム目標にして共有する。ちなみにチーム目標とは、「それぞれが自分の役割・目標に対して責任を持つだけでなく、チーム全体の目標についても責任感を持っている状態」である。

例えば、チーム全体の労働時間削減目標（一人当たりの年間総労働時間など）を設定し、多くの部下に共通して長い所要時間となっている業務を洗い出し、内容を分析する（図表⑬⑭⑮）。

ここで課題として抽出される業務は、構造的な問題（163頁図表⑪参照）である場合が多い。

また部下によって所要時間のバラツキが大きい業務と、その内容を明らかにして部下同士で比較させてみるのもよい。こちらは個人の能力・スキル・経験値や現在置かれている状況に起因するものが多い。

こういった検討内容から、人事評価制度で取り入れている「目標管理」に落とし込んでもいいだろう。

図表⑬ 自身の労働時間削減の目標を設定

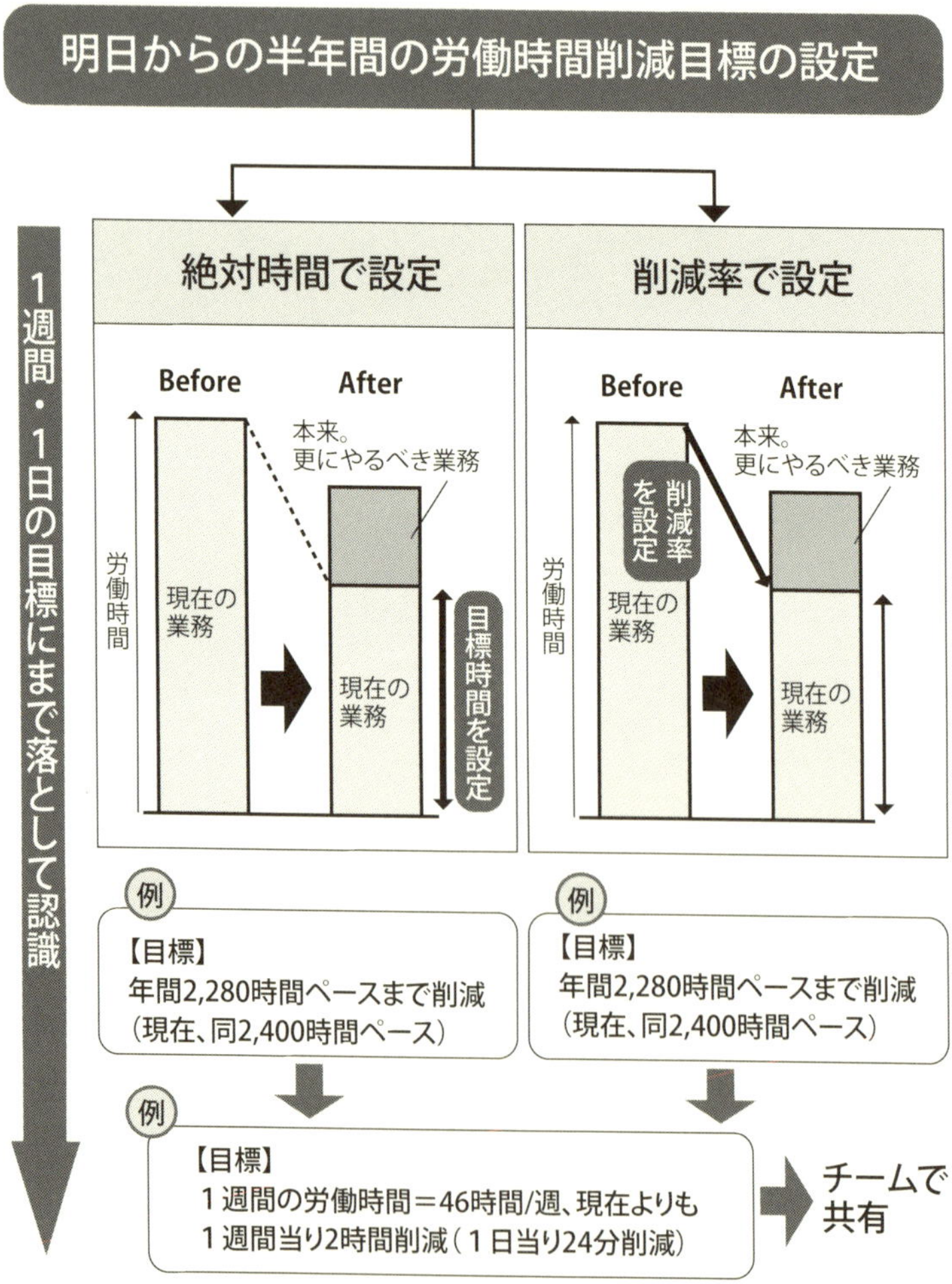
明日からの半年間の労働時間削減目標の設定
1週間・1日の目標にまで落として認識
絶対時間で設定
Before
After
労働時間
現在の業務
本来。更にやるべき業務
現在の業務
目標時間を設定
削減率で設定
Before
After
労働時間
現在の業務
削減率を設定
本来。更にやるべき業務
現在の業務
例
【目標】
年間2,280時間ペースまで削減
(現在、同2,400時間ペース)
例
【目標】
年間2,280時間ペースまで削減
(現在、同2,400時間ペース)
例
【目標】
1週間の労働時間=46時間/週、現在よりも
1週間当り2時間削減(1日当り24分削減)
チームで共有

図表⑭ 【Work】自身とチームの労働時間増大の要因

【進め方】

●自身とチームについて、労働時間が増大している要因を5つずつ挙げて下さい。仮説でかまいません。

●職場にてメンバーとの対話等を通じて、「自身」と「チーム」の労働時間増大の要因について整理してきて下さい。

労働時間増大の考えられる要因		
「自身」に関する要因		「チーム」に関する要因
①		
②		
③		
④		
⑤		

図表⑮ 【Work】チームの「労働時間」を知る

調査テーマ		内　容
①	チームの労働時間について	
②	特に忙しい業務について	
③	その他	

各々が長時間かかっている業務の時間削減目標と削減のための施策、推進上の障害・克服策を設定する。

次に**チーム内共有**である。

組織全体として取り組む目標、各人が個別に取り組む目標の達成のために、具体的なプランを描き、実施プランの発表・宣言するとともにチーム全体で共有する方法も併せて考える。

例えば、部ミーティング、課ミーティングの際に、時間を取って進捗状況を報告したり、ポスターを作成して、見える場所に掲げておいたりするのも有効だろう。目標管理が形骸化しているという相談を受けることが多いが、このようなモニタリングする機能を設定していないからである。

最後に、もうひとつ実施いただきたいことがある。

もしこれらの取り組みを複数の部門や全社を挙げて取り組むのなら、**定期的に会合を開き**（営業会議のひとコマでもいい）、実施施策の効果検証とノウハウ・情報の交換をして、次の会合までに行うアクションまで話し合うことができれば、かなりの効果が期待できる（図表⑯）。

さらに付け加えるなら、労働時間削減の取り組みは、社員の健康の回復・維持・増進にはつながるが、月例給与の減少を意味する。

頑張って生産性向上が実現したのに報酬がダウンしたのでは納得がいかない社員もいるだろうし、改革に力が入りづらい。賞与原資を増やすなど金銭的なインセンティブの創設も、会社は考えていただきたい。

図表⑯ 【Work】労働時間短縮・効率化事例の紹介

【進め方】

●自分の職場の中で、特に時間の使い方が上手いメンバーの取り組みや工夫を記述して下さい。

●「職場全体」で実施している労働時間削減につながる取り組み・工夫がありましたらご紹介下さい（同上）。

	メンバーの好取組事例紹介	
	「個別メンバー」の労働時間削減の取り組み・工夫	「職場全体」で実施している労働時間削減につながる取り組み・工夫
①		
②		
③		
④		
⑤		

第6章

「働き方改革」時代に出世する課長の行動特性を身につけよう!

1 課長までの出世と課長からの出世は基準が違う

これまでの企業人事は、採用してから、真面目にコツコツと実績を積み上げてきた人には、課長付近まで出世させてきた。

「付近」というのは年功人事の強い企業は、課長まで昇進させるが、実力主義的人事が強い企業は、その手前で滞留させる。いずれにしても課長付近まで上がってくる。

だが、課長までの昇進と、それ以降の出世では評価基準が異なることを理解しなければならない。

初任管理職である課長までの昇進基準は、まず、実務課題がどれほどこなせるかだ。「仕事の量」、「仕事の質」という人事評価基準を適用している会社が散見されるが、より多くの仕事を、より早く、より正確に、高い品質で遂行できるかが問われる。

ただし、これはあくまで一般社員としてのパフォーマンスであり、卒業基準を満たしただけなので、管理職登用されるには、更に入学基準（昇進後の活躍イメージ）をクリアしなければならない。係長や課長代理に真っ先に昇格した同期がその後も順調に出世するとは限らないのを目の当たりにした方も多いのではないだろうか。

課長になると組織を任されるので、部下は後輩に移管できる仕事を明確にして、指導できているか（できるか）、個人ではなく組織業績目標の達成にこだわれるか、といった課長になってからの期待に応えられそうかということだ。

一方で95％の課長は実務もこなすプレーイング・マネージャーなので、管理職研修で「これからは自身の成果より、組織マネジメントに目を向けよ」と講師に言われたからといって、これまでの実務をすべて部下に割り振るわけにはいかない。課長自身も実務担当者としてのヘッドカウントに入っているのだ。

また、働き方改革を推進している企業ほど、課長は部下の労働時間削減に対してプレッシャーをかけられ、部下に実務を移管できず、抱え込んでいる実態が目に浮かぶ。

では次のステップとして課長から更に上に行くにはどうすればいいのだろうか。

一般社員が一つずつ昇格（等級の上昇）していく基準と課長への昇進基準が異なるのと同様に、課長は統括する組織（課）の役割を果たしているだけではその先はない。つまり課長として優秀だからといって部長になるわけではない。別の基準が存在する。

それは、組織の経営者になれそうかということだ。

課長は社員区分としては、残業手当が支給されない経営者の代理という位置づけだが、実態は最小組織の切り込み隊長に過ぎない。組織目標に向かって、率先垂範して自ら高い個人業績を上げて、手本を示し、「やればできる」と部下を鼓舞する。部下の担当顧客からクレームが入れば、飛んで行って課長権限で会社にも顧客にもＷｉｎ－Ｗｉｎな解決策を提示し、うまく収める。そういう優秀な課長として評価され続けるだろう。

だが、部長に求められているのは切り込み隊長ではなく、部門の経営者である。仕事の半分以上を実務で占められている課長とは異なる役割なのだ。

では部門経営者に求められることは何であろうか。

部長以上の研修で主要なテーマとして掲げられるのは「ミッション」、「ビジョン」、「ストラテジー（戦略）」だ。

ミッションは、会社や事業が顧客や社会に果たすべき使命であり、その事業は「何のために」という問いに明確に応えられるものだ。

ビジョンは、ミッションを果たすに当たって、中・長期的にこうありたいという構想や未来像だ。

戦略とは、どのようにしてミッションを果たし、構想された中・長期ビジョンを実現していくかを描くストーリーと言える。

これら3つを描く能力と、絵に描いた餅とならないように、より高度なマネジメントが求められるが、加えて「勝利にこだわる姿勢」が重要となる。担当する事業領域において常に勝ち続けることを意識している。課長は実務者でもあるので、困難な目標は近視眼的に「無理!」と判断しやすいが、部長はその他の環境なども考慮し、俯瞰して勝利を目指すことが求められる。

役員まで出世する人で、理不尽なまでに部下を使い倒す人がたまにいるが、人格的にどうかと思われるような人でも、出世するのは勝ちにこだわる姿勢が評価されているからだ。まとめると、課長からの出世を考えた時に、共通項として言えるのは「**視座の高さ**」が違うということだ。本当の意味で「使われる側」から「使う側」への発想の転換ができなければならない。

あなたは若い頃に上司から言われたはずである。

「1つまたは2つ上の役職になったつもりで仕事しろ!」と。

2 出世し続けている人は「時間には色がない」ことを知っている

「残業しない課長は出世できるのか？」

部下に残業をさせないで組織マネジメントを推進することを前提としながら、自身も長時間労働に陥らず、昇進していくことができれば理想の姿と言える。

だが、政府が圧力をかけている「働き方改革」の対象は、基本的に課長未満の一般社員である。労組からも経営からも守られない課長は働き方改革の狭間で苦悩しているが、この原稿を書いている最中に、『関西電力社長が管理職の過労自殺を受け、労基署から「指導票」を交付される』というニュースが入ってきた。

メンタルが強いはずの課長にもついに過労自殺が出たのだが、こういう事件をきっかけに、会社内のあらゆるしわ寄せが集まりやすい課長の働き方改革が進展してほしいと願うばかりである。

話は本節に入るが、**課長に限らず出世し続けている人は「時間」に色はないと考えており、「仕事」と「プライベート」という明確な区分をしていない。**

お金持ちの知り合いに「お金に色はない」という話を聞いたことがある。お金にキレイも汚いもなく、入ってくればみな同じという意味だ。これはお金持ちの発想だが、彼らはなぜお金を区別しないのか？

会社員であれば、毎月必ず銀行振り込みされる給与がほぼ唯一の収入だから、株の配当やたまたま出た決算賞与などの臨時収入とは区別して家計を管理している。だが自営業者や投資などで収入を得ている人は様々な形でお金が入ってくる。

安定的な収入もあれば、持ち株が急騰してキャピタルゲインが入ることもあるし、苦労して稼いだつもりでもほとんど利益にならないこともある。チャンスはいつ巡ってくるか分からないし、いつ大損するかも分からない。収入の安定は目指したい姿ではあるが、幻想だと理解している。

だから、収入は当てにできないが、支出は完全にコントロールできるし、良い支出（自己投資など）をすれば、更なる収入につながる。

要はお金の入りより、今持っているお金をどう使うかが最も大事なことだという。

「時間」にも色はない。さらにお金と違い、1日24時間すべての人に平等に与えられている限りある資源ということだ。

第4章の3「部下に残業させないで生産性を維持している課長が密かにやっていること」で「時間の費用対効果を考えさせている」という話を紹介した。同じ1時間を有意義なことに使うか、苦役として耐え忍ぶのか。残業込みで1日10時間が仕事の時間だとすると、10時間×年間250日勤務で2500時間に上る。

人生は時間でできていることを考えると、日々どういうマインドで過ごすかで人生の充実度が違う。実際、仕事とプライベートを明確に区別している人ほど、仕事を楽しめていないように思うのだが。

出世し続けている人は、仕事とプライベートという区分はしていないが、「時間」はお金と同じように「投資」、「消費」、「浪費」という概念があると思っている。

「時間の投資」は、仕事や資格の勉強、講習や研修会への参加、読書など将来のリターン（自己成長）を期待して使う時間であり、できるだけ確保したい。

「時間の消費」は、給料を稼ぐための労働、衣食住のための時間など、生活をするために使わなければならない時間であり、できれば効率的に過ごしたい。

「時間の浪費」は、ギャンブルや無駄なネットサーフィンなど何も生み出さないものなので、ストレス解消以外では使わないほうがいい。

出世している人は趣味の時間であっても「後学のために」とか「見聞を広めるために」といって貴重な時間というリソースを「投資」しているし、顧客からの大クレームでも「いい経験になった」と言って経験値という貯金をしている。

だから、いくら長時間労働が続いてもメンタル不全にならないのかもしれない。

3 出世している人の3つの行動特性に学べ!

仕事柄、出世している人と接点を持つ機会が多いのだが、話を聞いてみるとおおよそ、次のような行動特性が確認できる。

ひとつめは、**「他人との縁を大切にしている」**ということだ。

社外人脈の構築も大切だが、まずは、直接的な利害関係がある社内の人脈だろう。社内人脈を疎かにして、社外人脈活動をしている人で出世している人は見たことがない。

お世話になった上司やむかし指導した部下、一緒に仕事をしたプロジェクトメンバーなど過去に関わりのあった人とのつながりを疎かにしていない。

社内で顔を合わせる機会があれば、一声かけて雑談を交わすところから始まり、相手の現状を聴いて、アドバイスを送ったり、人を紹介したり、そういうことをスマートに、自然にやっている。

新人時代にお世話になった上司(課長クラス)が、いまも社内にいるとすれば、役員級に出世している可能性もあり、付き合って損はないし、将来有望な若手・中堅社員との接点があれば、自分が窮地に陥った時に力になってくれるかもしれない。

だが、そういう自分の出世にからみそうな人物とだけ、つながりを持っているのではなく、すでに定年となって再雇用となった元上司や、職場でお荷物扱いされていた元部下（今はそれなりになっている）にも接点がある。

「袖振り合うも多生の縁といいますよね。仕事人生の中でせっかく一緒になったのですから、つながりを大事にしたい」という話はよく聞く。


2つ目は「**内省力が高い**」ということだ。

組織行動学者のデービッド・コルブが「経験学習モデル」という理論を提唱している。ほとんど同じ経験をしているのに、優秀な営業マンと、いまいちな営業マンがいるのはなぜだろうと考えたことがあったが、コルブは次頁のように、経験・体験から学習し成長する人は次のようなポイントがあると言っている。

このサイクルをグルグル回していくことで、日常の経験・体験から学習できるというモデルだ。

厳しい顧客を担当することになった営業マンが、苦労しながらもなんとか相手の要望に応え、一定の成果をあげても祝杯を挙げて終わりにしてはいけない。

「厳しい条件をつけられて、もうダメかと思ったが、最終的には価格でないことが分かった。販売とは誠意である」というような教訓を残して次に活かすということだ。

図表⑰　経験・体験から学び成長する人

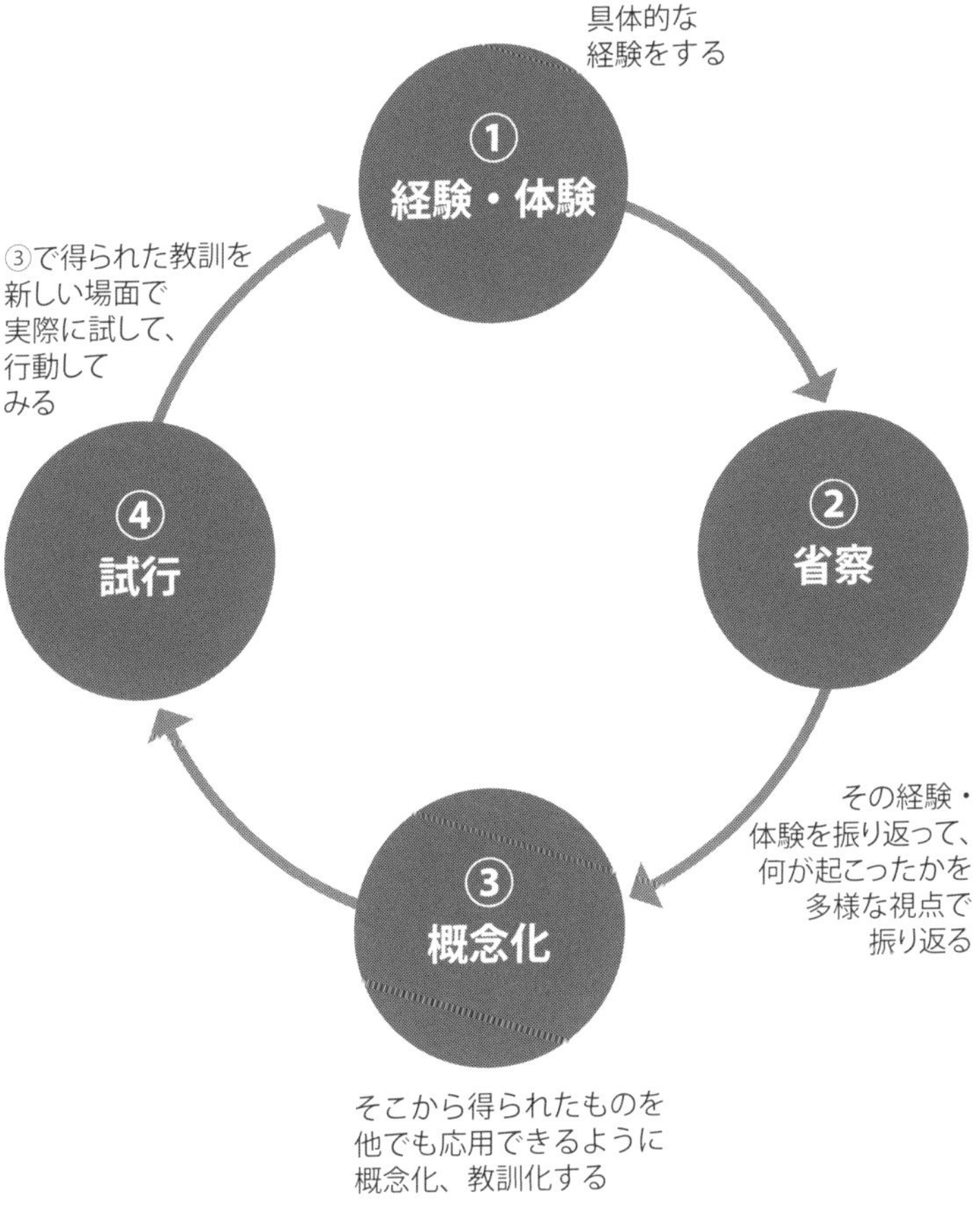

もうひとつ、よく聞くのは「**自分のハイパフォーマンスを部下に完全引き継ぎしている**」ことだ。

完全引き継ぎとは、自分が他の部門へ異動したり、昇進したりする際に、これまでの高業績（売上が落ちないなど）がそのまま継続できるような引き継ぎ方をしているという意味だ。

その地区は優秀な営業マンが担当していたが、それなりの人材を後任者にして引き継いだが、業績がガタ落ちという話はよくあることだが、8割以上は前任者の責任だと考えられる。優秀だった自分の分身（や仕組み）を作って異動している人は、間違いなく出世している。

ただし、あなたに更なる出世の芽がないことが分かっているなら、つまり管理職としての賞味期限が近付いているとするとリスクヘッジとして逆のことをお勧めする。

他人に容易に引き継げないようなハードルを築いておくことだ。会社はあなたを簡単に異動させられない。

4 上司をマネジメントしているか

「ボス・マネジメント」という言葉を聞いたことがあるだろうか。欧米では当たり前の概念で、ＭＢＡのカリキュラムに組み込まれているほどである。

私も27歳の時に、コンサルティング会社に転職した際、最初の上司からこう言われた。「麻野君、〝じょうし〟という言葉は知っているよな。本当は〝常使〟と書くのを知っていたか。権限を持っている上司を、どう使うかを常に考えている奴が出世するのだよ」

残念ながら当時の私は、上司をうまく使えず、ドロップアウトしてしまったが、いい得て妙である。

上司とはどういう存在なのだろうか。よく考えてみると様々な使いようがある。

普段我々が一番意識しているのは、**「人事評価者」としての上司**だろう。

自分の成績を直接つけてくれる人なのに、気にはしているがコミュニケーションが足りない。日本企業に勤める大多数の日本人の被評価者は、「上司は部下（自分）の仕事ぶりをきちんと見るべきだ」「見てくれているはずだ」と考えている。

だがよく考えてみてほしい。上司と机を並べて常に行動を共にしている人ならいざ知らず、部下の仕事ぶりきちんと見ている上司などほとんど存在しない。上司は忙しいのだ。だから自分の働きぶりを見てもらうという他力本願ではなく、「自分の働きぶりを理解させる」という積極性が必要となる。

具体的には**日常に不足している報連相をきちんとすること**だ。上司にとって一番やっかいなのは成績の悪い部下ではなく、何をしているかよく分からない部下なのだ。自身の成果を当たり前に報告し、何かあったら連絡しておき、困った時には相談して状況を知らせるという地道な活動が評価を上げるベースになる。

次に意識しているのは、**クレーム処理役としての上司**だろうか。社員研修で「上司に期待すること」というテーマでグループ・ディスカッションさせると、「クレーム処理」が一番多い。

顧客との関係でトラブルになった時に、上司を連れて行ったら「部長にわざわざ来ていただくほどのことではなかったのに」とかえって恐縮されることもある。それに上司は担当者より権限を持っているので相手も落としどころを考える。

ただ、気をつけたいことがひとつある。

前項と同じく日常の報連相ができていない疎遠な部下が急にやってきて「トラブっているので、謝りに行ってもらえませんか」という依頼に上司は気持ちよく応じてくれるだろうか。上司も人の子である。「上司に好かれている。嫌われている」という表現をする人がいるが（管理職未満の人に多い）、客観的に上下の人間関係を観察していると、上司の問題というより部下のわがままな見方のほうが多い気がする。

その次は、**「人脈の紹介者」としての上司**だ。

昇進・昇格すればするほど、仕事の範囲が広がり、責任が重くなるので、自組織内のリソースだけで遂行できなくなる。内外の人脈の助けがビジネスを推進していく上で重要となってくる。

社外人脈だと紹介してもらってから具体的な付き合いに発展するまでに時間がかかるだけでなく、紹介者の顔を潰さないように立ち回らないといけないので、気苦労を含めた労力がかかってしまうが、社内人脈だと、つながるのが早いし、多少の不義理も許される。

また社内であれば、力関係も理解しやすいし、別ルートで更にプッシュすることも可能だ。

管理職にとって最も頼りになるのは、こういう機能を有している「上司」だということを改めて確認したい。

5 課長になってから本格化する人脈構築でものを言うのは「人生経験」

前項では上司の人脈紹介機能について述べたが、どちらかと言えば課長になるまでに活用したい内容だった。だが管理職になってからは、自ら人脈構築の活動が必要となってくる。

一般的に課長になる年齢は40歳前後だが、40歳と言えばサラリーマン人生後半戦に突入する時期と言える。

それまでは社内で実績をコツコツと積み重ね、経験値を高めて、必要なアイテム、リソースを獲得していく「積み上げ型」の人生だった。

だが、40歳を超えたら、獲得したアイテムを有効に使って、残された期間の中でどれだけの活躍ができるのか。サラリーマン人生を逆算して考えなければならない。

「消費期限」は60歳定年とするか65歳再雇用第二定年とするかは自由だが、管理職としての「賞味期限」はもっと短い。40代のうちに部長まで行けるのか、役職定年になるまでに更なる出世ができるのだろうか。

限られた時間の中でやるべきことは、地道な積み上げというより、レバレッジを効かせることができる人脈をどう作り上げるかにかかっていると言っても過言ではない。

できれば40代のうちに社外人脈を作っておきたい。

それは社内での更なる出世というだけでなく、社外での活動・活躍の場を確保するという後半人生に対するリスクヘッジの意味合いもある。

サラリーマン人生の終了とともに隠居生活に入るのならそれでもいいかもしれないが、「1億総活躍社会」が本格化すれば、会社員を卒業してからの展開も想定しておきたいし、定年前であっても社外転進（転職）の道も探っておくことも重要なことだ。

ただ、「人脈」というものは、どれだけ深い関係性が築けるかが重要なのであって、集めた名刺の数が多いだけでは全く意味がない。交流会などで話が盛り上がって**「改めて今度ランチでも」と二度目の会合となってからが本当の人脈構築活動だ。**

本節のタイトルにあるように、課長になってから人脈構築活動が本格化すると言っているのは、30代で平社員だと自分の価値が相手に伝わりにくいからだ。

人脈は「等価交換」の原則があるので、交換できる価値を相手に理解してもらうためには、肩書か年齢という人生経験が必要になってくる。

等価交換と言っても厳密なものではなく、お互いが付き合ってメリットが感じられるかどうかだが、仮に自分が出世していなくても否定の余地がない「年齢」という絶対的基準が「経験値」を物語ってくれるので、40歳代になれば一定の人脈が作りやすい。

そういう意味では50歳代のほうが人脈作りに有利と言える。会社内で良い人脈が築けなかった人でも、住んでいる地域や地元のコミュニティであれば理事や会長などの要職に就くこともできるし、そのコネを活かして、次のステップにつなげることも可能だ。

また学生時代の同窓会に顔を出してみるのもいい。大学時代に一緒に馬鹿なことをやっていた友人でも出世して、過去最大級の格差がついてしまっていても使えるコネがあるかもしれないし、相手だって無下にできない。要はこちらの馬鹿なプライドを捨てることができれば、いろいろな展開があり得るということだ。

私も5年ほど前からフェイスブックを始めたが中学、高校、大学の友人たちとつながり、プライベートはもちろん仕事の相談をし合える異分野の人脈を再構築することができた。

6 転進の準備は早いほうがいいとは限らない

これまで管理職の働き方やサバイバル、部下の働かせ方や仕事の任せ方など多岐にわたって紹介してきたが、最後に社外転進について述べてみたい。

転職や独立自営に適齢期というものはあるのだろうか?

これまで賞味期限とか、消費期限という話をしてきたが、「生涯現役」という言葉があるように賞味期限も、消費期限もないと思う。

マスコミなどで取り上げられている20代、30代のやり手のベンチャー企業の社長を見ると、「若いっていいよな」と思うかもしれないが、話題になるのは珍しいからであって、若いから時代の潮流に乗って成功しやすいわけではない。

20代の若手サラリーマンが独立自営に踏み切るのは、世間知らずで失うものがないが故の「勢い」が中心なので失敗する確率が高い。

○○養成講座、○○認定講座、○○の資格を取って独立開業など、主催者に認定され、資格を取りさえすれば自営でやっていけそうに思えるが、そんなに甘いものではない。

教材開発者と一部の優秀な受講者を除いて、勉強好きな人をターゲットにしているコンテンツ・ビジネスの餌食になっている人が大多数だ。

一方、中・高年者は加齢とともに、「勢い」が減退するが、逆に「経験値」が上がってくることを忘れてはならない。

企業などの組織で一定のキャリアを積み、上層部から認められ管理職となった課長が、組織をマネジメントし、部下を育てるという経験を高めることで、初めて前記のような養成講座は価値あるものとなる。

アメリカの成人教育の理論家マルコム・ノウルズも「成人の（失敗も含めて）過去の経験は、学習のための資源である」と言っている。

せっかく積み上げてきた経験値（資源）を役職定年や降職、定年など会社員の節目で捨ててしまうのはもったいない。

別に独立自営を勧めているわけではない。扶養家族がいて、子供にお金がかかり、住宅ローンもあるという、失敗が許されない状態の中高年のほうが、転職や独立を慎重に考えるのは当たり前だ。

私も長年コンサルタントをしてきたが、リーマンショックを契機に会社からリストラされて後がなくなって起業した。切羽詰まらないとなかなか決断できないものだということは十分理解できる。

そこでおススメなのが「週末起業」だ。

土日の2日間だけ好きなことをやって、経営感覚が養え、儲かるかもしれないという一石で二鳥、三鳥が狙える。

副業でなく、起業と言っているのは、どんなに小さいビジネスでも経営トップとなって、リアルなマネジメントを学び、「市場」というものを意識する経験は、本業の会社員としての能力開花につながる。

実際、昔から興味のあった飲食店を、オフィス街にある土日休みのレストランを週末だけ借りて、イベント・カフェを運営している知人がいる。

食材の仕入れから、支援者やアルバイトの募集・採用、集客活動などを通して一通りの経営管理をリアルに学んだことが、平日勤めている会社でのマネジメントに役立っているという。

日経新聞でも紹介されているように「副業解禁」する企業も増えており、「どのグレード、年齢から認めるか」「本業とバッティングしないためには」「会社が提供できない成長機会になるか」といった具体的なことが多くの企業で検討されている。

政府も「働き方改革」の流れの中で、厚生労働省が提供する「モデル就業規則」から、「副業・兼業禁止規定」がなくなるという動きもある。

ただ、働き方改革は社員に良いことばかりではない。不透明な経営環境下で会社業績が悪化した際に、賃金カットや社員のリストラのハードルを下げることにつながる。

「やりたいからやる副業」という夢の実現から、「やらざるを得ないからやる副業」という自己防衛のための手段としても一考する価値はある。

あとがき

会社員にとって、最も分かりやすい『出世の法則』がある。

上司があまり考えないで安易に部下に仕事を丸投げし、その曖昧な指示のもと、上司が満足しそうな仕事の出来栄えを考え、期待以上のアウトプットを出す部下が評価される。

「今どきの新人は、指示待ちで言われたことしかしない」と嘆くマネージャーは多いが、昔から言われていたことであって、そういう行動特性の若者が少し多くなっただけのことだ。

上司に評価されようと思ったら、『期待以上の働き』をすればいいことぐらい、新人でもすぐに気が付くし、気が付かない若手には上司や周りの先輩が「そういうものだ」と指導する。

こういう気の利いた部下がいると、課長はマネジメント活動に多くの時間を振り分けられるので出世しやすくなるが、油断して楽をする習慣がついてしまうと、早々に責任者ポストから外されるというオチになる。

厳しさを増す経営環境でフリーライダー（ただ乗り）上司は存在できなくなってきた。

日本の企業人事は、公平性を重視するので、学歴に関係なく誰にでも出世のチャンスがあり、「出世するのかどうか」の決着が見えないまま40代半ばくらいまでキャリアを重ねるので、多くの社員はこの『出世の法則』を多少でも意識しながら働き続けることになる。まさに日本的人事の真骨頂と言える。

また『おもてなし』という顧客に対する、「期待を超えるサービスの提供」を旨とする企業姿勢が、過当競争・過剰サービスを招いている現実がある。

コンビニのレジに並ぼうとすると、アルバイトの店員は他の業務でどんなに忙しい状態であっても一目散にレジに走って向かい、顧客を待たせまいとし、顧客もちょっとでもレジで待たされる状況だと不満を持ち、「次から隣のコンビニで買おう」となる。

だが、これらの働き方は、労働生産性という観点で見ると、非常に非効率的な働き方になっていると言わざるを得ず、相当の業務の過剰品質を招いている可能性が高い。
本書では長時間労働の改善、労働生産性の向上について原因や解決の方法論にページを割いているが、この働き方は「長時間労働」の根本的な要因でもあり、同時に外資系企業が容易に日本市場に参入できない大きな障壁でもある。

今回の「働き方改革」運動を、単純な「残業削減」問題で終わらせることなく、真の「働き方・働かせ方」議論を契機とした経営改革につながることを切に願うばかりである。

麻野 進

麻野 進（あさの・すすむ）

組織・人事戦略コンサルタント。

大阪府生まれ。株式会社パルトネール代表取締役。

人事専門コンサルティングファーム取締役、大手シンクタンクでのシニアマネージャーを経て、現職。全日本能率連盟認定マスターマネジメントコンサルタント、特定社会保険労務士、早稲田大学大学院非常勤講師「人的資源管理」担当。

規模、業種を問わず、組織・人材マネジメントに関するコンサルティングを展開し、人事制度構築の実績は100社を超え、年間1,000人を超える管理職に対し、組織マネジメント、の方法論を指導。入社6年でスピード出世を果たし、取締役に就任するも、ほどなく退職に追い込まれた経験などから「出世」「リストラ」「管理職」「中高年」「労働時間マネジメント」を主なテーマとした執筆・講演活動をおこなっている。

主な著書に『ポジティブな人生を送るために50歳からやっておきたい51のこと』（かんき出版）、『部下なし管理職が生き残る51の方法』（東洋経済新報社）、『役員の登用・評価・育成のすべて』（政経研究所、共著）などがある。

問合せ先：asano@partenairejapan.co.jp

部下《ぶか》に残業《ざんぎょう》をさせない課長《かちょう》が密《ひそ》かにやっていること

2017年3月28日　初版発行

著　者　麻《あさ》　野《の》　進《すすむ》
発行者　常　塚　嘉　明
発行所　株式会社　ぱ　る　出　版

〒160-0011　東京都新宿区若葉1-9-16
03(3353)2835 — 代表　03(3353)2826 — FAX
03(3353)3679 — 編 集
振替　東京 00100-3-131586
印刷・製本　中央精版印刷(株)

ISBN978-4-8272-1048-4　C0034